L'EUROPE ORIENTALE

L'EUROPE ORIENTALE

SON ÉTAT PRÉSENT

SA RÉORGANISATION

AVEC

DEUX TABLEAUX ETHNOGRAPHIQUES ET POLITIQUES
ET UNE CARTE

Tchèques — Polonais

Madgyars

Slovènes-Croates-Serbes — Roumains — Bulgares

Albanais — Hellènes

PARIS
LIBRAIRIE GERMER BAILLIÈRE
17, RUE DE L'ÉCOLE-DE-MÉDECINE, 17

1873

AVERTISSEMENT

Ce volume a été écrit dans l'hiver de 1870, à la suite de plusieurs voyages en Grèce, Turquie, Autriche et Roumanie, et livré à l'éditeur en juin 1870. Des incidents imprévus qu'il est inutile de rapporter ici, puis les événements de la guerre firent que sa publication n'eut pas lieu. Je me décide maintenant à le faire paraître, *sans changer une lettre au manuscrit de 1870*, attendu que les choses sont restées les mêmes partout, que rien n'a changé, ni chez nous, ni dans les pays qui m'occupent, si ce n'est qu'il est advenu une aggravation des maux et des désordres que je signale, et que la situation a empiré tant pour les peuples de ces pays que pour la France. On pourra voir, à la lecture, si j'ai été faux prophète dans mes pronostics et si les dangers que je signalais il y a trois ans comme imminents, et qui subsistent toujours, étaient imaginaires.

Je voudrais que mon livre pût dessiller les yeux de mes compatriotes et les décider à entrer enfin dans la voie de leurs progrès et de leurs intérêts. Puis-je l'espérer? Leur incroyable aveuglement et leur indifférence depuis longues années, lesquels, le croirait-on, après des désastres pareils à ceux que nous avons subis, ne paraissent qu'empirer, désespèrent vraiment tout homme qui sent battre dans sa poitrine le cœur d'un citoyen, d'un patriote. Je ne parle pas ici de la régénération intérieure, ce n'est pas mon sujet, heureusement. Je traite de la politique internationale.

Il s'agit de savoir si la France continuera à se prosterner devant les cours et les souverains de l'Europe, qui se moquent d'elle et la repoussent, méconnaissant les peuples qui lui seraient favorables, ou bien si elle tendra les bras vers les populations, les appellera à son alliance, spécialement celles qui sont portées vers elle par les liens de la sympathie et des *intérêts*. On parle de l'union latine, et, en effet, depuis longtemps cette idée devrait être poursuivie et mise à exécution, pourtant on n'en prend guère le chemin. Eh bien! l'union latine, qui seule suffirait pour refouler l'ambition germanique, serait bien plus formidable encore quand elle deviendrait l'union latino-gréco-slave. Et pourtant il ne tiendrait qu'à la France de la réaliser. Qu'on pense donc qu'il y a en Autriche, Turquie et Prusse, 30 millions de Slaves impatients de la domination allemande ou menacés par l'ambition pangermanique, et prêts à se soulever en masse contre la ligue despotique germano-madgyare, et 80 millions en comptant les Slaves de Russie, qui pourraient bien écouter la voix de leurs frères plus que celle du czar, plus 14 millions de Roumains et de Grecs menacés des mêmes dangers ou unis par des intérêts semblables.

Il est vraiment douloureux, quand on se trouve dans ces pays, d'entendre partout des appels à la France et des témoignages de sympathie envers elle, et de la voir ainsi insouciante de ceux qui l'aiment et la recherchent, ignorant même leur nom parfois.

Si donc la France revenait à sa politique traditionnelle et suivait ses véritables intérêts, elle serait immédiatement en mesure de remettre les Allemands à leur place, et justice serait faite de cet épouvantail germanique, qui, pour avoir enfoncé chez nous des portes ouvertes, s'est fait une réputation usurpée. Il faut se garder d'exagération dans les jugements formés sous l'empire des situations extraordinaires et terribles, et ne prendre les choses ordinaires ni pour des vaisseaux de haut bord, ni pour des bâtons flottants. Les fameux succès de la Prusse, depuis six ans, sont tous fortuits, bien que réalisés par une direction habile, qui a su à merveille profiter des situations favorables, et sont dus plutôt à une politique adroite qu'au génie militaire, tou en estimant à une juste valeur l'avantage qu'elle trouve dans une machine de guerre parfaitement organisée pour soutenir cette politique. Elle s'attaquait à deux adversaires hors d'état de lui résister, à l'Autriche vermoulue, et à la France mise au pillage depuis longues années par le parti gouvernemental, défendue par une armée organisée et instruite à combattre, depuis longtemps aussi. non l'ennemi, mais le peuple désarmé. Les Français, eux, à Iéna, ont écrasé la puissance militaire prussienne parfaitement bien organisée et des armées aguerries, tout en ayant l'infériorité du nombre; de même à Lutzen, Bautzen; voilà des succès militaires bien réels et glorieux. Les Allemands, en s'attaquant en 1870, au nombre d'un million, à une armée qui existait à peine et n'avait ni munitions, ni vivres, et commandée par les généraux qu'on sait, par des chefs qui savaient *faire merveille* devant des bandes mal armées ou dans un salon, les Allemands, dis je, ont triomphé par la pure force brutale et obtenu un succès dérisoire; ils ont fait de la boucherie et du brigandage, rien de plus. Ils en ont tiré du profit, mais tout autre chose que de la gloire.

Une seule politique de salut, sûre comme elle est unique, reste à la France. Les empires européens sont unis entre eux par une coalition : elle doit organiser contre elle la coalition des peuples et se mettre à sa tête. Là elle retrouvera sa force avec son véritable rôle. Sans doute, cela ne fera pas l'affaire de l'aristocratie, car l'aristocratie est cosmopolite; l'aristocratie forme, entre toutes les nations européennes, comme une nation à part; pour elle, quand il s'agit de suprématie et d'influence sociale, il n'y a plus ni Français, ni Allemands, ni Russes, il y a des aristocrates et des plébéiens. Et par aristocrates je n'entends pas seulement les quelques hommes à qui leur naissance a donné une noblesse de plus ou moins de quartiers, mais tous ceux qui prétendent former une classe privilégiée et abuser d'une position sociale obtenue bien souvent par la faveur, l'intrigue ou pis encore. Aussi la politique internationale, qui doit assurer le salut de la France, ne peut-elle être naugurée qu'avec le triomphe, dans ce pays, des principes démocratiques. Un indissoluble lien unit ces deux politiques, extérieure et intérieure, comme un indissoluble lien devra de même, si la deuxième triomphe, unir la France aux peuples.

PREFACE

L'Orient est dans un état provisoire: personne n'en doute. Une conflagration peut y éclater d'un moment à l'autre, par suite d'une révolution ou d'une invasion, ou de toutes les deux ensemble. Quelle conduite devra-t-on suivre en pareil cas? Y a-t-on réfléchi? Et quelle politique doit-on observer pour prévenir cette conflagration? Il n'est que temps de s'en occuper sérieusement. Nos intérêts les plus graves, notre existence même y sont engagés.

J'ai visité tous les pays de l'Europe orientale. J'ai lu tout ce qui a été écrit sur ces contrées, voyages, histoire, études politiques. De tout ceci, j'ai tiré des résultats qui sont le fruit de longues heures passées sur les cartes, de méditations assidues, prolongées pendant plusieurs années, et d'après lesquels j'a conçu un système d'organisation de ces pays, que j'expose comme ce que je crois le plus conforme à la justice et au respect du droit des peuples, aux vœux des populations en cause, enfin aux intérêts généraux de l'Europe entière et à ceux de la France en particulier.

J'espère, après avoir démontré l'importance et l'intérêt qu'offrent ces contrées, l'état déplorable dans lequel elles sont plongées actuellement, les dangers qui les menacent, et nous menacent en même temps, les immenses ressources matérielles et morales qu'elles renferment, et dont nous nous privons avec elles, j'espère, dis-je, qu'on retournera un peu les yeux de leur côté, et qu'on s'occupera de ces pays, dont l'avenir constituera certainement avant peu la grosse question européenne.

On ne peut plus, d'ailleurs, se réfugier dans cette

raison qu'on doit s'occuper de ses affaires propres sans se mêler de celles des autres pays. Sans en discuter la valeur morale, cette maxime est fausse et depuis longtemps reconnue comme telle, même au point de vue utilitaire. Les principes démocratiques condamnent l'égoïsme et l'isolement des individus, et condamnent, par cela même, l'égoïsme et l'isolement des peuples, parce que ces principes ont leur base dans la vraie science des intérêts. Or, la philosophie sociale et politique a bien démontré aujourd'hui que les intérêts des peuples, comme les intérêts des individus dans un même Etat sont solidaires, et que cette maxime : « Chacun chez soi, chacun pour soi, » en politique extérieure comme en politique intérieure, est, en même temps qu'immorale, la plus funeste et la plus contraire à la vraie entente de ces mêmes intérêts. (1)

Par conséquent, au nom de nos intérêts particuliers, comme au nom des principes sacrés de la

---

(1) Les désastres de la France sont venus depuis donner une confirmation cruelle a cette assertion, et que je ne croyais pas devoir être si prompte.

justice et de la fraternité universelle sur lesquels est basée la démocratie, j'adjure les hommes politiques de mon pays de s'occuper sérieusement et promptement de cette question.

J'ai proposé un plan de réorganisation, non un plan de fantaisie, produit de l'imagination et des élucubrations diplomatiques, comme on en a tant fait, sans même consulter ou seulement étudier la volonté des populations ni les convenances topographiques, mais un plan basé sur les conditions et les vœux de ces populations, et leur situation géographique respective, un plan conçu d'après la connaissance approfondie de ces contrées, résultat de plusieurs années d'études et de réflexions sur ce sujet et de voyages dans ces pays; ce plan, j'en suis certain, ne sera désavoué par aucun des hommes des contrées en question, connaissant tant soit peu les affaires de leur pays et les intérêts en jeu dans toutes les parties de l'Europe orientale Tous l'ont esquissé dans la tête, il est en germe dans tous les esprits ; je n'ai fait que l'énoncer et le formuler hardiment, jetant résolument et définitivement de côté tous ces ménagements et ces respects hypocrites dont on continue à entourer des choses, des institutions qu'on sait parfaitement ne pouvoir durer, et dont il est temps de réclamer résolument la chute.

Je l'offre à l'examen de tous les hommes animés de sentiments démocratiques à qui je m'adresse, en démocrate convaincu et affirmant irrévocablement les conséquences de mes principes.

Sans doute, il faut compter avec les difficultés et lse obstacles, calculer les résistances, il serait puéril de ne pas les considérer, et de prétendre qu'on peut immédiatement le réaliser; ce serait de la prestidigitation, et non plus de la politique pratique que je proposerais. Mais ces difficultés existent dans toutes les questions, et dans celle-là, comme dans les autres, il faut bien avoir un plan déterminé et rationnel pour diriger la politique qu'on suivra à l'égard de ces pays, et le prendre pour base chaque fois que l'occasion se présentera d'intervenir, et qu'on sera forcé d'y exercer une action soit matérielle, soit morale. Il en est de cela comme de la reconstruction d'une ville mal édifiée. On ne peut tout d'un coup la rebâtir, quand bien même ce serait le mode le plus convenable, mais on doit se conformer, dans sa réédification successive, à un plan général et bien arrêté, d'après lequel on se conduit dans chaque transformation partielle. N'est-ce pas ainsi qu'on agit dans la poursuite des réformes et des libertés intérieures, et prétexte-t-on les difficultés et les obstacles pour ne rien faire, et laisser aller les choses comme elles sont ?...

Puisse un jour la démocratie triompher ainsi par l'assise naturelle et équitable et l'alliance fraternelle de tous les peuples !

SOMMAIRE.

—

Pages.

I. – ÉTAT PRÉCAIRE DE L'EUROPE ORIENTALE.

État précaire de l'Europe orientale; son organisation actuelle fondée sur la violence et le despotisme — Impossibilité de maintenir le *statu quo*.   1

II. — DISTRIBUTION DES PEUPLES.

Distribution et énumération des peuples assujettis ou tributaires renfermés dans les trois empires autrichien, turc et russe, et dans le royaume de Pru-se. — Leur répartition numérique dans ces empires.............................   7

III. — PLAN DE RÉORGANISATION.

Plan de réorganisation suivant les tendances naturelles des populations et leur situation géographique.   19

IV. — Intérêts européens. — Panslavisme et pangermanisme.

Intérêts capitaux de l'Europe engagés dans cette réorganisation, et en particulier intérêt de la France. — Gravité de la question pour l'Europe entière, par suite de l'existence de deux redoutables et imminents dangers. — Exposition de ces deux dangers : panslavisme et pangermanisme. 13

V. — Unique moyen de salut.

Unique moyen de parer à ces deux dangers et de les annuler. — Constitution rationnelle non-seulement de l'Europe orientale, mais de l'Europe entière, en nationalités, selon les tendances naturelles des peuples.................................... 61

VI. — Intérêts particuliers de la France en Orient.

ntérêts particuliers de la France engagés en Orient. — Tracé spécial de la politique qu'elle doit suivre à l'égard de l'Orient, conformément à ses intérêts et à ses principes. — Union méditerranéenne. — Création d'un boulevard et d'un asile de la liberté en Europe....... 69

VII. — Détails sur les trois empires de l'Europe orientale.

Détails sur les trois empires qui renferment les populations orientales. — Leur formation, leur essence, leur ambition, leur politique passée et présente. — Politique suivie par les autres puissances occidentales intéressées dans la question. 89

Pages.

VIII. — DÉTAILS SUR LES POPULATIONS.

Détails sur les peuples mentionnés. — Leur situation présente au milieu des diverses influences qui agissent sur eux; leurs sentiments et leur conduite à l'égard de ces influences; leur histoire; leur caractère; leurs aspirations 161

IX. — ÉTAT PRÉSENT DE LA QUESTION DANS LA DIPLOMATIE OCCIDENTALE

État présent de la question dans la diplomatie occidentale. — Système de préservation et de garantie adopté par elle. — Son inanité complète. — Imminence du danger pour la France 207

APPENDICE.... 225

NOTICE SUR LA CARTE DES POPULATIONS OU NATIONALITÉS.... 229

L'EUROPE ORIENTALE

I

ÉTAT PRÉCAIRE DE L'EUROPE ORIENTALE

État précaire de l'Europe orientale; son organisation actuelle fondée sur la violence et le despotisme. — Impossibilité de maintenir le *statu quo*.

Si l'on jette les yeux sur l'orient de l'Europe, on y voit trois grands empires qui se partagent ces vastes contrées; trois grands empires qui, il y a peu de temps encore, étaient tous les trois des empires absolus : deux d'entre eux sont restés tels. Là se trouvent donc d'immenses populations soumises à un joug despotique. Mais ce n'est pas tout. Si on pénètre plus avant dans la constitution de ces empires, on les voit tenant chacun sous leurs lois non une nation, mais une réunion de nations, non-seulement toutes asservies au joug supérieur, mais encore asservies les unes aux autres; de sorte que ces empires nous présentent le tableau de populations dont une partie est soumise à l'autre, le tout soumis à un chef suprême, ce qui constitue une espèce de hiérarchie féodale de peuples et de princes absurde et inouïe aux temps où nous vivons, et qui s'explique par cela que les choses en sont restées en ces pays telles qu'elles ont été établies par la conquête violente, aux premiers âges barbares. Tandis que tous les pays occidentaux de l'Europe ont fait leur révolution politique, que tous les peuples se sont divisés ou fondus, ils sont restés là-bas entassés, superposés les uns aux autres sans se confondre, le dernier arrivant tenant toujours le dessus, et les anciens occupants, à mesure qu'ils tentaient de se constituer et de s'organiser, étant écrasés par les nouveaux. Un pareil état de choses est-il durable? peut-il être définitif? L'expérience vient joindre son témoignage irrécusable à celui de la raison pour répondre : non. Ces populations sont en état de révolte morale et d'agitation matérielle permanent contre leurs oppresseurs, peuples ou rois, et de temps à autre le manifestent par des insurrections formidables. Je parle de tous les pays, sans distinction, s'étendant des côtes de la mer Baltique à l'Adriatique et à l'Archipel, et opprimés par les empires russe, autrichien et turc, et, pour n'en omettre aucun, par le royaume de Prusse. Non-seulement ils sont toujours prêts à se soulever contre leurs oppresseurs, mais ils sont un sujet continuel de dissensions et de luttes pour ces oppresseurs mêmes, qui s'en disputent les lambeaux, comme les carnassiers font des débris d'une proie. Cet état de choses est un obstacle permanent à la paix et à la prospérité de l'Europe. Vouloir soumettre ces peuples par la force à l'ordre actuel est un rêve, outre que ce serait contraire à tous les droits des nationalités.

Il est donc bien établi qu'on ne peut raisonner sur les bases du maintien des trois empires susnommés, et qu'il faut chercher la solution dans la satisfaction la plus complète des désirs et des tendances des populations qui leur sont asservies. Voilà vraiment la question sérieuse et digne d'être étudiée. Le reste ne supporte pas la discussion. Lord Palmerston, je crois, disait qu'il ne discutait pas avec celui qui n'admettait pas comme évidente la nécessité du maintien de l'empire ottoman; on doit dire actuellement qu'on ne peut raisonner avec celui qui ne reconnaît pas en principe la nécessité de la dissolution des empires turc et autrichien, sans parler de l'empire russe.

La question se réduit donc à celle-ci :

Quelles nationalités, ou plutôt quels États sont appelés à surgir de la dissolution des empires turc, autrichien et russe, et à remplacer ces empires, et quels doivent être les rapports mutuels de ces nationalités ou États?

Pour la résoudre, il faut étudier les origines, la position géographique, les intérêts, le caractère, l'histoire de ces peuples. La race et la situation géographique sont les deux éléments qui doivent surtout peser dans leur groupement. Je vais essayer de donner un aperçu rapide de l'organisation que l'étude de ces éléments présente comme la plus rationnelle et la plus conforme à l'esprit des populations en question.

Pour cela, je vais étudier leur distribution géographique et ethnographique, en faisant totalement abstraction des divisions politiques actuelles, et sans tenir aucun compte de l'existence des empires auxquels elles sont soumises présentement. Je donnerai ensuite leur répartition dans les trois empires, pour bien éclairer la question. Nous ferons ainsi, à leur égard, comme on fait à l'égard d'une machine dont on démonte toutes les pièces pour les remonter d'une autre façon ; nous les décomposerons en leurs éléments, détachant successivement et isolant un à un chacun de ceux-ci, sans leur laisser aucun lien entre eux; puis, nous basant sur les principes naturels et les lois de justice, nous réunirons ces parties disséminées et les reformerons en groupes et nationalités avec une aisance et une simplicité que seuls ces principes peuvent donner.

II

DISTRIBUTION DES PEUPLES [1]

Distribution et énumération des peuples assujettis ou tributaires renfermés dans les trois empires autrichien, turc et russe, et dans le royaume de Prusse. — Leur répartition numérique dans ces empires.

Examinons d'abord la configuration topographique de ces contrées. Si vous jetez les yeux sur une carte d'Europe, vous voyez partir de l'arête générale du continent européen, ou ligne de partage de ses eaux, deux grandes chaînes, l'une à laquelle on peut donner le nom d'Alpes danubiennes, car elles sont une continuation de la grande chaîne semi-circulaire que forment les Alpes autour de l'Italie, longeant l'Adriatique et se divisant en deux chaînes secondaires, qui vont se terminer, la pre-

[1] Voir la carte à la fin du volume.

mière à l'extrémité de la Péninsule hellénique, c'est le Pinde, la deuxième à la pointe d'Europe, sur le Bosphore, c'est le Balkan ; l'autre, sous le nom de Carpathes, séparant d'abord les eaux du nord et du midi de l'Europe, puis abandonnant cette ligne de partage, pour se rapprocher du Danube, descendant au midi, puis tournant brusquement au couchant, pour se terminer en une vaste terrasse à pic dominant le Danube inférieur, et parallèle à son cours. Entre ces deux chaînes, une large et longue vallée, comprenant dans sa partie centrale d'immenses plaines, c'est la vallée du Danube.

Les populations qui nous occupent sont groupées sur les deux revers de chacune de ces chaînes et dans la vallée centrale, ainsi que dans les vastes plaines qui s'étendent au nord de la deuxième jusqu'à la mer. Elles appartiennent, en les comprenant en totalité, à huit races différentes : les Slaves (1),

---

1) Nous les énumérons ici par ordre de population Il est bien entendu que, quand nous nommons plus bas les Allemands, nous voulons parler seulement d'une fraction de la race allemande, c'est-à-

la plus nombreuse et la plus complexe, la plus opprimée, formant une grande quantité de groupes ou de familles parlant des idiomes particuliers d'une même langue mère; les Roumains; les Allemands; les Hongrois ou Madgyars; les Grecs; les Bulgares; les Turcs; les Albanais. Les Allemands, les Hongrois et les Turcs, sont les trois races dominatrices de ces contrées, du joug desquelles il s'agit émanciper les autres.

Si l'on suit la deuxième chaîne, en partant de l'occident, on trouve d'abord sur les deux revers, mais principalement sur le revers septentrional, une famille slave, les Tchèques, au nombre de 5,000,000 environ (1), comprenant : les Tchèque proprement dits ou Bohêmes, 3,200,000; les Moraves, 1,500,000; les Silésiens, 150,000 en Autriche, 150,000 en Prusse, occupant la Bohême,

---

dire des Allemands de l'Autriche; on pourrait y ajouter ceux du royaume de Prusse, a cause des Polonais prussiens, mais ce royaume n'entre qu'indirectement et en partie dans notre théorie de reconstruction.

1) Les chiffres de populations que je donne ici ne sont qu'approximatifs.

la Moravie et la Silésie ; les Slovaques, au nombre de 2,200,000, habitant le nord de la Hongrie, sur les confins de la Moravie, doivent aussi être rattachés aux Tchèques ; on peut encore y ajouter les Sorabes, 200,000 environ, appartenant à la famille wende et habitant la Lusace. En continuant à l'est, on rencontre ensuite les Polonais, au nombre de 9,000,000 environ, occupant la Galicie, la province de Posen en Prusse, et l'ancien royaume russe de Pologne ; les Lithuaniens, au nombre de 1,700,000, occupant la Lithuanie en Russie, qui paraissent fondus avec les Polonais ; on peut mentionner encore les Borusces ou Prussiens de la Baltique, restes des populations slaves de la Poméranie et de la Prusse, mais dont il est difficile d'évaluer le nombre, à cause du mélange de population allemande établie dans ces pays ; on ne peut préciser rigoureusement et *à priori* où finit le territoire allemand et où commence le territoire slave dans ces contrées. Dans la Galicie orientale, en contact avec les Polonais, se trouvent les Ruthènes, appelés encore Rousniaques, petits Russes ou Russes rouges, appartenant à l'un des trois grands groupes formés par les Russes : Russes blancs, Russes noirs et Russes rouges ; ils occupent, au nombre de 3,000,000, la Galicie orientale et le nord-est de la Hongrie. Tous ces groupes, hormis les Moraves et les Slovaques, et une petite partie des Ruthènes, s'étendent sur le revers septentrional des Carpathes, jusqu'à la mer.

Suivant maintenant la première chaîne, à partir du point où elle se rattache aux Alpes italiques, on trouve sur les deux revers une suite de familles slaves : les Slovènes, au nombre de 1,500,000, occupant la Carniole, l'Istrie, une partie de la Carinthie et de la Styrie, et qui paraissent établis là depuis les premiers siècles de l'ère chrétienne ; la grande famille des Jougo-Slaves, comprenant les deux groupes importants des Croates et des Serbes ; les premiers, au nombre de 1,900,000, occupant la Croatie, la Slavonie, partie de la Dalmatie, ainsi que le territoire des confins militaires croates ; les seconds, au nombre de 4,550,000, comprenant : les Serbes proprement dits, 3,200,000, occupant la principauté de Serbie, la Rascie, une partie du Banat; les Bosniens, et les habitants de l'Herzégovine, 1,000,000; les Monténégrins 150,000, une partie des Dalmates. Tous ces peuples s'étendent de la ligne de la Drave et du Danube à l'Adriatique. Puis, dominant sur le revers septentrional, vient une race qui paraît à peu près slavisée, les Bulgares, au nombre de 4,000,000, occupant la Bulgarie, une partie de la Thrace et de la Macédoine (1). Enfin, au sud, se trouvent les Grecs et les Albanais, qui semblent appartenir à une race commune, et qui sont liés, depuis longtemps, aux Slaves par des affinités de mœurs, de religion et de résistance aux mêmes oppresseurs; les premiers, au nombre de 3,600,000, occupent la Grèce propre, la Thessalie, la Macédoine, partie de la Thrace, l'Epire et les îles de l'Archipel (je ne parle pas ici des Grecs d'Asie); les seconds,

1) Si l'on comptait tous les Bulgares qui habitent soit les autres provinces turques, soit la Roumanie, soit la Russie méridionale, le chiffre de leur population serait beaucoup plus élevé, mais je ne comprends ici que ceux habitant la Bulgarie propre.

au nombre de 1,450,000, l'Albanie propre, et une partie de l'Épire. Mêlés avec les Slaves, les Bulgares, les Albanais et les Grecs, et disséminés dans toutes les provinces de la Turquie sans occuper de territoire spécial, vivent les Turcs, au nombre de 1,000,000 ? Dans la partie centrale, sur les deux rives du Danube, mais presque entièrement sur la rive droite, et dans son cours supérieur, entre les Moraves et les Slovènes, sont les Allemands, au nombre de 7,500,000, occupant l'Autriche propre, le Tyrol, le Vorarlberg, le pays de Salzbourg, la plus grande partie de la Carinthie et de la Styrie ; ils sont en outre disséminés dans toutes les parties de l'empire autrichien, parmi les populations madgyares, slaves, roumaines. Puis, dans la grande plaine qui occupe le centre du bassin, les Hongrois ou Madgyars, au nombre de 5,000,000, occupant la Hongrie propre ; ils habitent encore en minorité la Transylvanie et le Banat (un peuple spécial, les Szeklers, ou Sicules, occupent la Transylvanie orientale, mais paraît devoir se rattacher aux Hongrois). Enfin, sur la rive gauche du

Danube, appuyés sur le revers méridional de la deuxième chaîne ou des Carpathes, et occupant cette terrasse escarpée dont nous avons parlé, mais touchant sur le Danube aux peuples Slaves et Bulgares de la première chaîne, sont les Roumains au nombre de 8,500,000, occupant les deux provinces de Valachie et Moldavie, ou Roumanie libre, la Bucovine, la Bessarabie, la Transylvanie et le Banat (1).

Ces populations sont réparties dans les trois empires et le royaume de Prusse, ainsi qu'il est indiqué dans le tableau suivant.

Ce tableau complète celui qui est à la fin du volume. Le premier donne la nomenclature complète de toutes les races sujettes des empires que nous considérons, avec tous leurs groupes et leurs divisions secondaires. Celui-ci donne la répartition de chaque race dans chaque empire, c'est-à-dire la

---

(1) Je répète ici ce que j'ai dit pour les Bulgares ; si l'on comptait tous les Roumains disséminés dans les diverses provinces turques et en Serbie, le nombre total atteindrait à environ 11 millions.

corrélation numérique entre chaque groupe de chaque race ou ces groupes pris en masse d'une part, et les populations de chaque empire et partie d'empire (comme cela se présente en Autriche), ou ces empires pris en masse de l'autre. Etant donné une race quelconque, par exemple les Slaves, on lit immédiatement (dans l'ordre horizontal), pour quel chiffre elle entre dans le Cisleithanie, la Hongrie (pour l'empire d'Autriche), dans la Turquie, etc.; et réciproquement, étant donné un empire ou même une subdivision d'empire, par exemple la Cisleithanie, on lit aussi immédiatement (dans l'ordre vertical) quel chiffre il renferme de chacun des éléments ethnographiques.

(Voir le tableau.)

Les chiffres de la population sujette et dominatrice dans les deux empires d'Autriche et de Turquie, montrent l'absurdité de la domination germano-madgyare dans le premier, de la domination turque dans le second, c'est-à-dire, dans l'un, de 12 millions sur 21 millions, et, dans l'autre, de 1 million sur plus de 15 millions. Il faut remarquer, de plus, que cette disproportion ira toujours en augmentant, les Slaves croissant plus rapidement en population que les autres peuples d'Autriche, et les chrétiens, en général, plus que les Turcs, qui décroissent au contraire.

Tels sont les éléments ethnographiques qui vont nous servir à reconstituer ces populations. Nous ferons remarquer d'abord que tous ces peuples différents sont passionnés pour leur autonomie, fanatiques d'indépendance, et qu'ils forment des nationalités naturelles qui sont toutes vivaces et distinctes, autant que n'importe quel grand peuple d'Europe ; ce serait folie et vaines tentatives que de vouloir subordonner une quelconque de ces nations à l'autre, ou seulement la *subalterniser;* ils ne consentiraient pas plus à cette subordination entre eux, qu'ils ne consentent aujourd'hui à rester asservis à d'autres. Dans la grande question des nationalités de l'Europe orientale, on ne peut isoler aucun peuple de ses compagnons de servitude ; on ne peut accorder d'importance particulière à aucun, et s'occuper de l'un sans s'occuper des autres. Prétendez donc concentrer tout l'intérêt de la question orientale sur les Grecs, par exemple, les prendre pour le nœud de cette question, et vous verrez comme vous serez accueilli par les Slaves et par les Roumains, ou, si vous choisissez les Slaves, par les Roumains et par les Grecs. Ça a même été cette préférence qui a constitué un des principaux obstacles à l'union, et par suite à l'affranchissement de ces peuples.

« Les uns, dit un publiciste compétent, M. Cyprien Robert, philhellènes ardents, ont voulu tout soumettre aux Grecs; les autres, slavophiles exclusifs, n'ont vu, dans la noble cause grecque, qu'une fraction rebelle du slavisme. Les deux causes ne peuvent se séparer, mais elles ne peuvent non plus s'absorber l'une l'autre. Le triomphe des Grecs et des Slaves, qui sera celui de la civilisation en Orient, ne se consommera que par l'alliance des deux races. » Ceci est un des faits les plus importants à considérer dans l'organisation de ces pays. Ce n'est pas que ces peuples soient rivaux entre eux; depuis ces derniers temps, ils ont compris qu'ils étaient solidaires et qu'ils n'arriveraient à rien, si ce n'est par l'union; mais ils veulent être traités et vivre réciproquement sur un pied complet d'égalité, et, en dehors de leur alliance certaine, même après le triomphe, former des nations indépendantes. Il faut donc établir l'organisation de ces populations sur les bases de la plus complète autonomie.

III

PLAN DE RÉORGANISATION

Plan de réorganisation suivant les tendances naturelles des populations et leur situation géographique.

Nous avons remarqué, en étudiant la configuration de ces pays, deux grandes chaines dirigées du N.-O. au S.-E. : l'une voyant s'étendre à ses pieds sur son revers septentrional, de vastes plaines allant jusqu'à la mer; l'autre bordant la mer opposée, qui la baigne au midi. Entre ces deux chaines, une autre vaste plaine centrale, occupant principalement la rive gauche du Danube. Nous avons vu sur les deux revers de la première chaine, mais principalement sur le revers septentrional, dans les plaines renfermées entre elle et la mer, une grande agglomération de peuples tous Slaves, se rattachant à deux grandes familles principales, les familles tchèque et polonaise, dominant par conséquent sur le versant septentrional; sur les deux revers de la deuxième, une autre agglomération formant une suite non interrompue de peuples slaves, bulgares, roumains, grecs, turcs et albanais. Entre ces deux agglomérations, dans la vaste plaine centrale du Danube, une masse formée de deux races bien tranchées : les Allemands et les Hongrois, séparant ces deux agglomérations en en faisant deux masses bien distinctes et pesant à des extrémités opposées et dans deux directions divergentes du continent, la première au nord, a deuxième au midi. Les populations appartenant à la masse du nord, semblent appelées à former une ou plusieurs nationalités ou une confédération baltique ayant sa base d'activité sur la mer Baltique. Les populations appartenant à la masse du sud semblent appelées à former plusieurs nationalités ou confédérations méditerranéennes et danubiennes dont la base d'activité serait sur la Méditerranée, de l'Adriatique à la mer Noire. La masse centrale semble devoir se rattacher à celle-ci, conjointement à laquelle elle occupe la grande vallée du Danube en presque totalité.

Les deux grandes familles tchèque et polonaise, et les autres groupes slaves mentionnés plus haut constituent la première masse. Les nationalités tchèque et polonaise seraient les éléments de la confédération formée par cette masse. Dans celle-ci, bien entendu, doivent être compris la fraction des Tchèques-Moraves et les Slovaques, qui, bien qu'occupant la partie nord du bassin du Danube, sont liés par les affinités de race, ainsi que par leur position sur la lisière nord du bassin et sur la limite de la masse septentrionale aux peuples de l'autre revers. La deuxième masse est composée de la chaîne de peuples bordant le Danube et s'étendant jusqu'à la Méditerranée, en passant par dessus la chaîne des Alpes Danubiennes et Helléniques. Ce sont d'abord les peuples slaves, Slovènes, Croates et Serbes; les Bulgares;

puis, au sud, et en dehors de la sphère d'activité danubienne, les Grecs et les Albanais, liés, comme nous l'avons dit, aux Slaves, par les affinités de religion et d'intérêts. Enfin, de l'autre côté du Danube, touchant à ces peuples, mais appuyés sur le revers méridional de la première chaîne ou des Carpathes, et occupant cette terrasse escarpée dont nous avons parlé, les populations roumaines habitant l'ancienne Dacie. La chaîne des Carpathes, en se retournant vers l'occident, comme nous l'avons expliqué, laisse libre un vaste territoire entre elle et la mer, ce qui, en l'absence de toute chaîne importante en arrière de celle-ci, établit une communication très-étendue entre les pays de la rive droite du Danube et les revers orientaux des Carpathes et par là toute la partie septentrionale de l'Europe orientale, ce qui fait que ces contrées ou pays des Roumains, bien que comprises naturellement, par leur contact avec les populations de la chaîne alpique et leur position sur le Danube, dans la masse méridionale, servent d'anneau d'union entre elles et les populations slaves du nord, et établissent ainsi une longue chaîne non interrompue formée par les deux masses du nord et du midi. Cette configuration, qui a rendu ces contrées, pendant plusieurs siècles, le grand chemin des invasions des hordes du N.-E. sur le S.-O., doit servir au contraire maintenant à faciliter les rapports de fraternité et de civilisation entre tous ces peuples. Je n'ai pas parlé des Turcs, car ils ne forment pas un peuple occupant un territoire à part, mais sont disséminés parmi ces populations slaves et grecques en faible minorité; ils doivent subir les lois de la majorité après leur avoir, pendant de longs siècles, fait subir les lois de la force; d'ailleurs, leur nombre décroît tous les jours. Ils sont destinés à repasser en Asie.

J'ai dit que la masse centrale devait se rattacher à la masse méridionale, pour former par leur réunion une grande confédération danubienne et méditeranéenne. Cette masse comprend les Allemands l'Autriche et les Hongrois. Pour les Allemands, qui ne doivent pas compter au nombre des populations orientales, ils doivent être réunis à leurs frères et voisins pour former la nationalité ou la confédération allemande : ce n'est pas ici le lieu d'en parler. Restent donc seulement les Hongrois. Les Hongrois, tout en s'associant particulièrement avec les peuples de la masse méridionale, avec qui ils sont unis par leur grande artère commune, le Danube, occupent une position centrale excessivement remarquable entre les deux masses et entre tous ces peuples du Nord, de l'est et du midi, qui appelle cette nationalité à être le grand lien commun entre eux tous, leur rendez-vous mutuel, leur grand marché central, espèce de terrain neutre des intérêts matériels et moraux, et non-seulement entre ces peuples, mais entre l'Europe occidentale et orientale. Elle remplit un rôle semblable à celui de la Roumanie, et les unit au centre comme cette dernière les unit à la circonférence. Il suffit de jeter les yeux sur la carte pour apprécier cette merveilleuse disposition. Il faut espérer que les Hongrois comprendront le beau rôle qui leur est réservé, et qu'ils consacreront leur ardeur et mettront leur gloire à le remplir, au lieu de s'appliquer à étouffer les nationalités qui les avoisinent et à jouer, de concert avec l'Autriche, le rôle d'oppresseurs.

C'est sur ces populations de la masse méridionale que je vais entrer dans quelques détails, attendu que l'étude générale de la question que je traite est trop immense pour pouvoir l'embrasser dans toute son étendue dans un résumé, et que ces dernières en forment la partie la plus compliquée, celle qui rentre plus spécialement dans la question d'Orient, et est liée à l'existence ou à la dissolution de l'empire de Turquie.

Examinons donc actuellement comment cette masse principale dont nous venons de parler doit être décomposée elle-même en masses ou nationalités particulières et autonomes, s'appuyant chacune à une grande base d'activité.

Si l'on suit sur la carte la côte de l'Adriatique depuis Trieste jusqu'au delà du Montenegro, au point où elle se redresse vers le sud, on voit une longue bande de terre resserrée entre les montagnes et la mer, pays fertile en fruits, vins, huile, d'excellente qualité, mais surtout admirablement situé et approprié, par ses nombreux ports et ses îles innombrables, au développement maritime. Ces îles sont elles-mêmes riches en fruits, vins, pâturages, forêts, marbres et houilles. Les habitants sont tous marins, et fournissent à l'Autriche d'excellents matelots et capitaines. Au-dessus de cette lisière étroite se dressent des escarpements arides, puis de vastes plateaux couverts de pâturages, de forêts. Sur l'autre revers, un large pays s'étendant en triangle entre les montagnes et la ligne de la Drave et du Danube, sillonné par les contreforts de la chaîne principale, qui le découpent en vallées confuses et enchevêtrées, arrosées par d'innombrables rivières et ruisseaux descendant au Danube, pays fertile, mais à peine cultivé, produisant abondamment des grains, des fruits, du vin de qualité supérieure, mais surtout d'une richesse incomparable en forêts, pâturages, bestiaux, recélant des trésors métalliques inconnus dans ces montagnes, où l'industrie mettrait merveilleusement à profit ces ruisseaux et ces sources qu'on rencontre à chaque pas, pays, en un mot, qui serait une autre Suisse, aussi intéressante, aussi riche que la Suisse des Alpes. Le littoral adriatique avec les plateaux du centre forme les provinces autrichiennes et turques d'Istrie, de Dalmatie, d'Herzégovine, de Monténégro ; le versant danubien les provinces de Carniole, de Croatie, Slavonie, Bosnie et Serbie.

Ce pays est évidemment fait pour former un tout homogène, un seul état comprenant les deux revers de cette chaîne du Danube à l'Adriatique. Dans ces conditions, ses produits de tout genre trouvent sur cette mer leur écoulement naturel, ses forêts servent à construire les innombrables navires que réclame son commerce, tel qu'il est destiné à renaître. Les côtes et les ports de la longue bande du littoral sont nécessaires aux régions supérieures ou versant du Danube pour écouler leurs produits riches et variés, et réciproquement ces produits sont nécessaires à ce littoral étroit pour alimenter ses ports et fournir des éléments à son commerce. Ces deux territoires se complètent l'un par l'autre. Aussi les populations qui s'y sont établies ont-elles toujours occupé les deux revers, et, comme nous le verrons tout à l'heure, les occupent encore, quoique fractionnées par la conquête, et dans le fait on ne saurait concevoir cette étroite bande de terre du littoral constituant une partie isolée, de même que le pays opposé serait privé par là de son issue naturelle sur la mer et rejeté entièrement vers le continent. La cessation de l'état de choses actuel, qui frappe ces régions de stérilité et de marasme, en leur interdisant toute relation avec le midi et l'occident de l'Europe, serait pour eux une véritable résurrection et la source d'un développement et d'une prospérité incalculables. Cet État, appuyé d'un côté au Danube, de l'autre à l'Adriatique, mettrait donc ces deux importantes lignes en communication, transportant sur cette mer les produits de la Hongrie, de la Roumanie, de la Bulgarie avec les siens propres, et introduisant réciproquement dans ces pays ceux qui afflueraient dans ses ports. Ce serait le lien jusqu'ici si imparfait entre l'Europe centrale et l'Europe sud-occidentale, l'issue de ces vastes régions danubiennes sur la Méditerranée et sur le midi. Trieste a jusqu'ici seul rempli cette fonction, et ne saurait y suffire. Quand on songe que toute cette côte est fermée aux pays voisins, et que tout le midi de l'Europe occidentale n'a que deux points pour pénétrer dans le bassin du Danube, Trieste et la mer Noire, ne semblerait-il pas qu'on est à mille lieues de toute civilisation? N'est-il pas inouï que l'habitant de Naples, par exemple, ou de Brindes, ou des îles Ioniennes, soit obligé, pour aller à Belgrade ou dans la Hongrie transdanubienne, le Banat ou la Transylvanie, de se rendre à Trieste ou Varna !

Ce pays si bien fait pour constituer le territoire d'un État unique, les populations qui l'habitent sont-elles propres à former cet État, en s'unissant les unes aux autres ? Il est précisément habité, d'un côté, par des Dalmates, des Morlaques, des Monténégrins ; de l'autre, par des Slovènes, des Croates, des Bosniens, des Serbes, c'est-à-dire tous des peuples de race slave, prêts à se fondre ensemble. Pour ce qui est des Bosniens, des Monténégrins et des Serbes proprement dits, c'est-à-dire citoyens de la Principauté de Serbie, cela n'est pas douteux, car tous ces peuples sont des Serbes, tous débris d'une même nationalité, s'étendant jadis de l'Adriatique au Danube. Ce ne serait donc que cette ancienne nationalité à reconstituer, nationalité dont le moule subsiste, il n'y aurait que la cohésion à donner à ses parties. La Serbie indépendante est destinée évidemment à servir de noyau cosmique, auquel se réuniront toutes ces fractions détachées, et à jouer le même rôle que le Piémont a joué vis-à-vis des différentes provinces d'Italie. Et tout porte à croire que l'union est prête à se faire entre les Croates et les Serbes, en face des deux ennemis communs, les empires autrichien et turc. Les Serbes réunis aux Croates forment un groupe qu'on nomme les Jougo-Slaves, et en y ajoutant les Slovènes, on complète ainsi la masse des Slaves du sud, qu'on appelle Slaves illyriens ou du Danube.

Ce littoral de l'Adriatique, si florissant, si fréquenté du temps des Romains, qui avaient ouvert de magnifiques routes à travers tout le pays, et même pendant le moyen âge, où la république de Raguse se posait en rivale de Venise et où florissaient tant d'autres villes importantes et renommées, ce littoral est maintenant entre les mains de l'Autriche, qui n'a jamais rien fait pour lui, et semble ne le posséder absolument que pour l'empêcher de se développer et de prospérer. Elle le fait gouverner par un général, et c'est une espèce de lieu d'exil pour ses officiers. Ses ports, maintenant fréquentés seulement par quelques barques qui font le cabotage des côtes, étaient, dans les temps anciens, animés et enrichis par un commerce actif; ses villes, à peine connues de nom aujourd'hui, étaient des républiques puissantes, et servaient de point de départ à de superbes voies, allant rejoindre le Danube et ses belles plaines. Toute cette prospérité, toute cette splendeur renaîtraient, et plus brillantes encore, si ces populations, rendues à elles-mêmes, formaient une nationalité libre et forte. De nombreuses routes seraient tracées pour mettre les rives de l'Adriatique en communication avec les provinces serbes, le Danube, les plaines de la Hongrie. Il s'établirait entre ces rivages, aux débouchés de toutes ces provinces, et ceux opposés de l'Italie, un trafic des plus actifs, ces deux pays devraient être unis par des relations étroites, et le commerce du bassin méditerranéen tout entier recevrait un essor prodigieux de l'ouverture de ces nouveaux débouchés. Je n'ai pas besoin de faire ressortir l'importance que donnerait à cette nouvelle ligne de commerce l'ouverture du canal de Suez. Donc, formation entre l'Adriatique et le Danube d'un grand État slave, ayant sa base d'activité sur cette mer.

Sur l'autre rive du Danube, et en contact avec les pays qui viennent de nous occuper, s'étend une vaste plaine, s'appuyant à la masse circulaire des Carpathes et dépendant évidemment de la terrasse formée par cette chaîne, terrasse dont le principal cours d'eau vient sur son sol achever son cours; de là, elle se continue jusqu'à la mer Noire et rejoint au nord les steppes de la Russie méridionale. Cette plaine, du Danube au Dniester, cette terrasse, ainsi qu'une autre partie de plaine symétrique et dépendant de la même terrasse, située de l'autre côté du dernier chaînon des Carpathes, est habitée par une population dont l'origine remonte aux anciens colons établis par Trajan sur ce territoire, qui constituait l'ancienne Dacie, population mélangée avec quelque reste des anciens habitants du pays et avec des éléments slave et bulgare en minorité; cette population est donc latine, parle une langue latine et s'intitule roumaine. Elle occupe les principautés de Valachie et de Moldavie ou Roumanie indépendante, la Transylvanie et le Banat incorporés dans le royaume de Hongrie, la Bucovine faisant partie de la Cisleithanie autrichienne, et la Bessarabie, de l'empire de Russie. La réunion de ces pays roumains doit former un État unique qui, avec la Bulgarie, doit évidemment jouer sur la mer Noire le même rôle que l'État slave sur l'Adriatique, et lui faire équilibre dans la direction opposée. Cet État est évidemment aussi destiné à être le siége d'un vaste commerce entre l'Europe centrale et l'Orient asiatique. La possession des bouches du Danube en fait l'entrepôt de transit de tous les produits provenant des riches pays que traverse ce fleuve, destinés à s'écouler en Asie et dans l'Europe méridionale, et sa fertilité prodigieuse sera un des principaux aliments de ce commerce. Un échange très-actif aura lieu entre ce pays et toutes les côtes, tant asiatiques qu'européennes, de la mer Noire. Il commercera également avec le bassin tout entier de la Méditerranée. Il est appelé, comme l'État voisin, à une grande prospérité. L'amélioration des bouches du Danube, ou mieux, l'établissement d'un canal, allant d'un point de ce fleuve à la mer Noire, serait le moyen d'impulsion le plus efficace de cette prospérité, ainsi que la création de ports au nord du fleuve. Quant à la Bulgarie, elle a de très-bons ports naturels, qui ne demanderaient qu'à être améliorés. Elle embrasserait une partie ou totalité du revers méridional ou de la Thrace, sauf réserve de la ville de Constantinople, et ces riches contrées verraient enfin leurs produits utilisés et exportés.

Enfin, il est superflu de parler de la Grèce. Pour ce pays, ses limites et son rôle sont tout tracés, et ce serait se moquer du lecteur que de lui parler de es éléments de prospérité politique et commerciale. Placé en saillie, entre trois mers, il est le lien et l'intermédiaire naturel entre tous les rivages de la

Méditerranée. Son passé à lui dit ce que doit être son avenir.

En dernier lieu, entre la Grèce et l'État slave adriatique se trouve, sur la même mer, un peuple peu connu, les Albanais. On ne sait pas bien s'ils feraient corps avec les Slaves ou avec les Grecs, ou partie avec les deux, ou s'ils constitueraient une nation entièrement distincte. Ce peuple paraît être de race pélasgique et être formé des descendants des premières tribus connues qui ont peuplé la Grèce; une partie semble être slavisée. Dans tous les cas, il se trouve sur l'Adriatique dans des conditions analogues aux deux États voisins. Il sépare les nationalités slave et grecque, mais pas d'une manière très-précise, car il se fond un peu dans l'une et dans l'autre sur la limite. Il y aurait une ligne de démarcation importante à établir entre la nationalité grecque et la nationalité albanaise ou la nationalité slave, comme sur l'autre versant entre la même nationalité et la nationalité bulgare.

En somme, la contrée entre la ligne Drave-Danube et la mer, occupée par l'agglomération méridionale, formera une espèce de triangle, composé de trois masses parfaitement équilibrées et reliées entre elles, et assises chacune sur une grande mer, de manière à ce que chaque partie des côtes serve de base à une mise en œuvre active des forces et des ressources du pays.

Ces trois États principaux futurs ont chacun un noyau autour duquel ils sont appelés à se former; espèce de matière cosmique disséminée dans ces contrées, ils se condenseront et se constitueront en corps homogènes, en tendant vers ces trois pôles d'attraction, comme ont fait les astres dans l'espace. Ces trois pôles d'attraction, c'est la principauté de Serbie avec sa capitale Belgrade, celle de Roumanie avec Bucarest, et le royaume de Grèce avec Athènes. Ces trois États sont des ferments de dissolution pour les trois empires d'Orient. Tant qu'ils subsistent, ces empires (au moins les empires d'Autriche et de Turquie) demeurent impossibles; ils n'ont qu'une existence précaire Si on veut les asseoir sur des bases solides de durée, il faut nécessairement détruire ces trois États rudimentaires.

Quels seront maintenant les rapports mutuels de ces divers États? Évidemment, pour les pays qui bordent le Danube, bien qu'ils pèsent dans des directions divergentes et aient une base principale d'activité opposée, d'une part l'Adriatique et de l'autre la mer Noire, ce fleuve est un lien et un centre d'activité secondaire qui doit unir toutes les contrées qu'il traverse. Et il est indubitable que ces pays seront appelés à former une confédération danubienne. A cette confédération viendrait-il se joindre la Grèce, l'Albanie? C'est une question à résoudre. Ces pays sont en dehors du mouvement danubien, mais ils sont tellement liés avec les premiers par le contact des territoires et le mélange des populations, la similitude des intérêts, de mœurs, de religion, que je crois que cette question se résoudrait par l'affirmative.

Ainsi, pour les pays du sud, deux grands États principaux, l'un ayant sa base d'activité sur l'Adriatique, l'autre sur la mer Noire (ce dernier en formant en réalité deux), se faisant mutuellement équilibre dans ces deux directions; un troisième, égal en importance à chacun des deux premiers, ayant sa base d'activité sur les trois mers Ionienne, Archipel et Méditerranée, et complétant ces deux là, en les équilibrant au midi. Puis ces États se réunissent pour former une grande masse méridionale, ayant sa base d'activité sur toute l'étendue de la partie correspondante de la Méditerranée, du fond de l'Adriatique à la mer Noire, et s'équilibrant avec une grande masse septentrionale, ayant sa base d'activité sur la mer Baltique.

Et, comme je l'ai expliqué, les peuples de la grande plaine centrale, tout en s'associant particulièrement avec ceux de la masse méridionale, servent toutefois de lien commun entre eux et ceux de la masse septentrionale.

Ainsi donc, qu'on se torture, comme on fait actuellement, à chercher une répartition convenable de ces populations dans les organisations politiques présentes; qu'on s'escrime à tailler, diviser, annexer; que les faiseurs de plans sur papier se donnent carrière dans le champ illusoire de la fantaisie, en ne suivant d'autre guide que le caprice ou les convenances doctrinaires de la diplomatie! jamais on n'arrivera à fonder une constitution stable de ces pays, car la résistance acharnée des populations, beaucoup plus forte que leurs oppresseurs, ferait tout échouer. Mais tout change en suivant les principes démocratiques et en se basant sur le droit des peuples et le respect des nationalités. Au lieu de s'évertuer à disloquer ces populations de mille manières absurdes, laissez-les au contraire se grouper et se réunir librement, comme l'indiquent et comme les portent à le faire les lois de race, de position géographique, d'intérêts, et d'elles-mêmes, sans violence, sans travail, sans efforts, elles formeront le meilleur et le seul état de choses possible. Supposons plusieurs tiges d'acier, au milieu desquelles se trouvent quelques aimants, empêchées, par des obstacles, de se tourner vers eux, toutes ces tiges vous apparaissent dans un état de confusion et sans relation de direction entre elles, état qui durera tant que vous maintiendrez ces obstacles, vous aurez beau les grouper, regrouper de différentes manières, si vous ne les maintenez par la force chaque fois dans ces diverses directions, elles les abandonneront; au contraire, levez tous les obstacles qui les retiennent, et aussitôt, d'elles-mêmes, elles viennent chacune se tourner vers un des pôles aimantés et former des groupes naturels tous dirigés vers un centre commun.

Je ne puis concevoir comment ce système de partager, d'étouffer des nationalités vivaces et pleines d'avenir, pour les incorporer dans des empires décrépits et dissolus, peut venir à l'idée de certaines gens; cela ne s'explique que par l'ignorance complète qu'ils ont de la condition de ces pays et de ces populations. Cela me fait absolument l'effet d'un habit tout neuf de beau drap qu'on taillerait pour rapiécer d'autres vieux habits en loques.

Je n'ai pas besoin de dire que ces États seraient des États démocratiques et se constitueraient en républiques, et ceci est conforme à l'esprit de ces populations, on n'aurait qu'à les laisser à elles-mêmes. Tous ces peuples slaves, roumains et grecs, sont foncièrement démocratiques, et ont, au milieu de leur servitude, des institutions municipales très-développées et très-remarquables. Les idées républicaines, sinon le mot, sont dans tous les esprits. Elles passeraient à l'état de constitution officielle, dès qu'un appui, se présentant avec les mêmes principes, les seconderait. Tous les petits États fondés dans ces dernières années n'ont été constitués en principautés ou en royaumes, que parce qu'ils ont été aidés dans leur affranchissement et protégés par des puissances monarchiques, ennemies des principes démocratiques, et le voisinage d'empires puissants qui les entourent, sans parler des conditions de vassalité dans lesquelles deux d'entre eux sur trois se trouvent, les obligent à conserver cette forme. C'est le terrain le plus favorable que pourraient rencontrer les principes démocratiques, c'est là qu'ils trouveraient l'appui le plus puissant contre les monarchies et les aristocraties. Les pouvoirs monarchiques le savent bien, et cela ne contribue pas peu à les rendre systématiquement hostiles à l'affranchissement de ces peuples. Ces États républicains une fois constitués là, toute tentative d'envahissement panslaviste ou pangermanique, dangers dont nous allons parler tout à l'heure, serait impossible ; l'équilibre européen serait fondé.

IV

INTÉRÊTS EUROPÉENS — PANSLAVISME ET PANGERMANISME

Intérêts capitaux de l'Europe engagés dans cette réorganisation, et en particulier intérêt de la France. — Gravité de la question pour l'Europe entière, par suite de l'existence de deux redoutables et imminents dangers. — Exposition de ces deux dangers : panslavisme et pangermanisme.

Je viens d'exposer l'organisation qui me paraît la plus conforme à la situation et aux tendances de ces peuples, mais j'ai en même temps montré combien elle servirait les intérêts de l'Europe entière. Après avoir fait appel à la justice en leur faveur, faisons donc maintenant appel aux intérêts auprès des peuples de l'Occident, et étendons-nous sur ce sujet. Justice et intérêts se rencontrent pour réclamer la même politique. J'ai établi d'abord qu'il n'y a pas de paix ni de stabilité possible pour l'Europe tant que durerait l'état présent. A chaque instant, elle peut être embrasée par suite du moindre événement surgissant dans ces contrées. Les populations orientales forment une immense mine à laquelle aboutissent une foule de mèches dans toutes les directions. Qu'une étincelle mette le feu à une de ces mèches, en un point quelconque, au nord ou au sud, à l'orient ou à l'occident, et toute la masse est immédiatement enflammée ; une légère contestation, la révolte d'un district peut faire jaillir cette étincelle. Ceci est un intérêt purement passif pour l'Europe occidentale ; mais elle en a aussi d'actifs, que j'ai déjà exposés. Quel accroissement de prospérité pour elle si ces pays produisaient, échangeaient avec elle, comme ils seraient appelés à le faire s'ils étaient dans les conditions normales d'existence. On trouve là les plus beaux terrains du monde abandonnés et improductifs, de magnifiques forêts à peine explorées, des côtes désertes, qui devraient être le siége du plus important mouvement commercial, des fleuves superbes aux rives inhabitées et infécondes, des mines d'une richesse incalculable inexploitées, des populations vivant de pillage et disputant leurs récoltes aux fonctionnaires de leurs tyrans et aux déprédations des tribus voisines. Quelle différence si ces terrains déserts se ouvraient de cultures, si ces forêts, sagement exploitées, fournissaient aux constructions de tout genre, si ces côtes actuellement privées de ports servaient de vastes marchés d'échange entre les richesses de ces contrées et les nôtres; si ces fleuves chargés de bateaux favorisaient la circulation intérieure, si ces rivières, ces sources qui abondent en certaines parties servaient à mettre en mouvement des machines et des usines!

Voilà les avantages qui résulteraient pour l'Europe de l'organisation naturelle de ces contrées. Mais il s'agit pour elle de bien autre chose encore que des funestes conséquences du *statu quo*, et des avantages dont elle se prive en le maintenant. C'est sa sûreté, c'est son existence même qui sont en jeu.

L'état actuel de l'Orient provoque deux grands dangers pour l'Europe occidentale, en favorisant deux grandes ambitions. Examinons chacune d'elles.

Un seul état régulier, indépendant, est formé parmi les populations slaves, il constitue un empire absolu, oppresseur, ambitieux, le plus puissant du monde par la force matérielle, c'est la Russie. Il est animé de la soif de domination et de l'esprit de conquête. Il trouve parmi les populations slaves dont nous avons parlé, des populations de même race que celles qu'il gouverne. En outre, les autres, Roumains, Bulgares, Grecs, pratiquent presque toutes la même religion, qui remplace le lien d'origine. Il a toujours joué pour elles le rôle de protecteur contre leur principal ennemi, la Turquie. Le gouvernement du czar cherche à les attirer à lui pour les absorber dans son empire. Si on en doute, qu'on jette un coup d'œil sur les anciennes provinces turques du Caucase, habitées par des chrétiens, Géorgie, Circassie..., toutes, elles ont été primitivement sous le protectorat russe, et maintenant elles font partie intégrante de l'empire.

Pour atteindre ce but, il flatte ces populations de toutes les manières, les excite par des promesses et des présents, les irrite en leur montrant la sujétion dans laquelle elles vivent, et se présente à elles comme un protecteur et un appui en cas de lutte. Ces populations font à ces avances un accueil plus ou moins favorable. Les unes, plus avancées en civilisation et ayant un commencement d'organisation politique autonome, comme les Serbes de la principauté, les Moldo-Valaques, les Grecs, ne s'aveuglent pas sur la véracité et le désintéressement de ces protestations; instruites d'ailleurs par l'expérience, elles voient l'intérêt égoïste derrière ces témoignages de sympathie et de générosité. Mais chez les autres, comme les Monténégrins, Bosniens, Bulgares, l'influence russe a beaucoup plus de prise; celles-ci étant complètement asservies au joug turc et peu intelligentes en politique, voient avant tout le mal présent. Tous ces peuples sont passionnés pour leur indépendance, et sont de farouches gardiens de leur autonomie. Mais, en l'absence de toute protection et de tout appui, ils accepteraient le seul qui s'offre à eux, fût-il même intéressé. Au pis aller, ils se jetteraient totalement dans les bras de ce gouvernement, qui au moins les rattacherait à des frères, plutôt que de rester ou de retomber sous la domination de peuples ou de monarques complètement étrangers à leur race. Mettons-nous un moment à leur place, et voyons si nous ne ferions pas comme eux.

Supposons donc l'autocratisme russe appelé par les peuples Slaves de l'Adriatique insurgés et ayant obtenu ou forcé le passage par le territoire roumain.

Voilà donc la Russie sur l'Adriatique, et toute la péninsule hellénique tombant par cela même en son pouvoir. C'est une autre invasion des hordes orientales menaçant l'occident. Par quel moyen conjurer ce péril? Etouffer ces nationalités, en les maintenant sous le joug qui pèse sur elles, suivant la politique adoptée jusqu'à présent, c'est un calcul qui aboutit tout droit au résultat opposé à celui qu'on cherche. On ne fera que les irriter, et surrexciter leur haine de l'oppresseur et leur soif d'indépendance, et si on n'accourt pas à chaque fois pour soutenir les obstacles vermoulus que présentent à l'invasion russe ces fantômes d'empires, on ouvrira les portes toutes grandes à la Russie qui, appuyée par les populations du pays, aura bon marché de ces obstacles, et pourra étendre librement sa domination. Plus on les violentera, plus on les poussera dans les bras de la Russie, plus la tâche de celle-ci sera facile, de même qu'avec un cheval irrité, plus on fait d'effort pour le dompter, et plus sa résistance est acharnée. Le seul moyen de neutraliser l'influence russe sur ces populations, c'est d'enlever à celle-ci tout motif d'ingérence dans leurs affaires, en les appuyant dans leurs revendications légitimes. Ces peuples une fois constitués en nations fortement et librement organisées, toute action de la Russie est détruite, elle est complètement réduite à l'impuissance. Si elle veut avancer vers l'occident, elle trouvera sur son chemin ces mêmes peuples armés contre elle pour l'arrêter, qui dans des conditions opposées, l'auraient appelées sur leur territoire. Ainsi par là on crée une barrière contre les tentatives d'envahissement russe soit par ruse, soit par violence.

Le champ est libre encore. Il faut se hâter. Nous l'avons dit, ces populations veulent avant tout leur indépendance, leur autonomie. Elles sont passionnées pour leur nationalité. Par conséquent, elles accueilleront avec faveur et même avec enthousiasme le premier peuple qui se présentera à elles pour les appuyer avec un esprit de désintéressement. La politique toute indiquée consiste donc à se substituer à la Russie dans ce rôle de protecteur, à la supplanter auprès de ces populations, à retourner contre elles ces armes dont elle sait si bien se servir. Imitons-la. Voyez comme elle sait bien transformer sa politique, et changer de tactique, quand il est nécessaire. Au commencement de ce siècle, elle était l'ennemie ardente et permanente de la Turquie. Quand elle a vu que les trois puissances prenaient celle-ci sous sa protection, et qu'elle ne pouvait encore rien espérer de la violence ouverte, qu'a-t-elle fait ? elle a subitement changé de conduite à son égard. Elle s'est constituée son protecteur, beaucoup plus zélé et plus actif qu'aucun des trois autres, et nous l'avons vu servir de médiateur et d'arbitre entre le sultan et ses vassaux, rôle qu'elle continue encore, malgré la tentative avortée de 1854. Agissons de même sur ce terrain, seulement, au lieu de le faire par astuce, faisons-le de bonne foi.

Et ces armes, que nous lui aurons enlevées, nous les retournerons bien plus complétement contre elle, contre l'autocratie russe, j'entends; elles seront dans nos mains, non-seulement défensives, mais encore offensives; d'attaqués nous deviendrons agresseurs. En organisant dans ces contrées des États slaves démocratiques et fédératifs, nous portons à l'autocratie russe le coup le plus terrible qu'on puisse lui porter. Ces États slaves démocratiques seront un ferment de dissolution pour cet empire. Toutes les populations de ce vaste territoire, et elles sont plus nombreuses qu'on ne le croit, qui supportent avec peine la domination autocratique du czar, se réveilleront à ce contact de nations sœurs jouissant d'institutions libres. Supposez une confédération de peuples libres occupant l'espace qui s'étend entre l'Adriatique et la mer Noire, et voyez s'il est possible que l'influence de ces peuples ne se fasse pas sentir sur d'autres peuples frères en contact avec eux, et unis par tous les liens matériels et moraux?... Et surtout il faut leur bien persuader que nous ne venons pas pour les diviser d'avec les autres Slaves, leurs frères, d'avec les Russes, qui sont aussi dignes qu'eux de l'intérêt de l'Europe, mais les arracher au joug menaçant du czarisme russe, qui a déjà étouffé la vie libre et nationale de ces frères, et pèse sur ces malheureuses populations comme le joug étranger pèse sur eux-mêmes; que nous les pressons, au contraire, de contracter cette union fraternelle avec les peuples russes courbés sous le despotisme, afin de se soustraire, tous ensemble, à la domination tyrannique de leurs despotes ou de leurs oppresseurs ligués contre eux.

Je sais bien qu'on dira que l'organisation de ces États ne se fera pas sans difficultés, sans discordes intestines; que le czarisme profitera de ces discordes, qu'il s'appliquera même à envenimer, pour mettre la main dans leurs affaires et se rendre maître chez eux. Mais je demanderai : Qu'est-ce donc que l'état présent de ces pays, si ce n'est l'anarchie? Ces peuples sont-ils moins faibles sous le joug étranger et sans aucune organisation politique, présentent-ils plus de force de résistance à l'envahissement, qu'ils ne le seront avec un principe d'organisation nationale, si rudimentaire soit-il, quand bien même il devrait en résulter des secousses et des désordres? Le czar n'a-t-il pas plus beau jeu actuellement, comme protecteur, que lorsqu'il lui faudra jouer le rôle de directeur et de despote? Ces populations sont fatalement condamnées ou à se constituer en nationalités indépendantes, en s'affranchissant *motu proprio* du joug turc, ou à tomber entre les mains de la Russie. Personne de sensé ne peut croire maintenant à la durée de l'empire turc. Cet empire décroît chaque jour en population et en force. La Russie surveille cette désorganisation. Après qu'elle eût reconnu que la Turquie n'était pas encore assez faible pour que l'attaque violente eût chance de succès, elle a abandonné, comme nous l'avons dit plus haut, sa politique d'agression ouverte pour en prendre une autre plus efficace et plus sûre. Elle s'est constituée son protecteur, ainsi que le protecteur des populations chrétiennes comprises dans cet empire, leur médiateur naturel et le gardien suprême de leurs pactes réciproques. Quand la Rome ancienne voulait prendre possession d'un État, et qu'elle jugeait que la force ouverte rencontrerait des obstacles, elle se déclarait sa protectrice. Dès-lors, ce pays était perdu ; il était certain, dans un temps plus ou moins éloigné, de devenir une province romaine. Ainsi fait la Russie vis-à-vis de l'empire turc. Quand elle jugera qu'il est assez faible pour agir, elle lui donnera le coup de grâce. Réunissant toutes ses forces, elle l'envahira brusquement, sans laisser le temps aux puissances occidentales de le secourir, et tout sera fini. Les populations chrétiennes de l'empire passeront du joug turc au joug russe. Elles pourront encore, il est vrai, lutter pour leur indépendance, peut-être même arriver, à force d'efforts et d'héroïsme, à la reconquérir, comme elles ont lutté, après la chute de l'empire byzantin, contre l'envahissement turc; mais au prix de quelles guerres et de combien de sang versé! A tout prix, il faut éviter que la Turquie ne tombe sous les coups de la Russie. Si, au contraire, de nouveaux États fondés prennent la place de l'empire turc, la Russie trouvera devant son ambition des nationalités prêtes à défendre leur indépendance.

On parle de panslavisme! Les plus fortes influences panslavistes, ce sont la tyrannie et l'exclusivisme intolérant de l'Autriche et de la Turquie, qui agissent à l'heure présente avec énergie. La besogne de la Russie est facile avec de pareils coadjuteurs. A chaque pas que ces gouvernements veulent faire faire à ces populations vers le centralisme autrichien ou turc, celles-ci en font un vers le panslavisme et la Russie. Bientôt, on leur aura fait faire tout le chemin.

Un deuxième danger, et peut-être plus menaçant encore, parce que l'agresseur a plus de vitalité, c'est l'envahissement germanique. Tous ces peuples sont d'abord immédiatement exposés à l'ambition autrichienne, dont le but bien avéré et presque avoué est l'absorption de ces pays, en employant les influences économiques à défaut des armes. Mais ce n'est pas de l'empire autrichien que peut venir le danger dans l'état où il est réduit. Je regarde cet empire comme un moribond avec lequel il ne faut plus compter. Je remonte à une cause plus générale. Les centralistes de l'empire autrichien, ces mêmes hommes qui, refusant opiniâtrement toute satisfaction aux aspirations légitimes des peuples slaves ou autres compris dans l'empire, convoitent encore les pays voisins habités par ces mêmes nationalités, et attendent le moment de se les approprier, ne sont qu'une fraction d'un parti plus vaste et plus puissant. C'est le parti allemand exclusiviste et dominateur, dont les prétentions sont aussi exorbitantes que celles du panslavisme russe. L'ambition allemande, surexcitée surtout depuis quelques années, a produit un parti qui veut le pangermanisme, c'est-à-dire la réunion, en un seul État, de tous les territoires occupés par la race allemande en Europe. Pour eux, toute l'Europe centrale est allemande, du Rhin au Carpathes et à la Vistule. Le Rhin, le Danube, sont deux fleuves exclusivement allemands, de leur source à leur embouchure. Ces prétentions sont inadmissibles.

Outre qu'elles sont contraires aux traditions historiques, et qu'elles feraient litière de toutes les nationalités slaves ou roumaines, leur réalisation serait un grand danger pour l'Europe. Le pangermanisme dominerait de la mer du Nord à l'Adriatique, et de celle-ci à la mer Noire. Et qu'on ne croie pas que l'envahissement n'ait pas déjà commencé et que la lutte ne soit pas ouverte. Si les armes n'ont pas encore été employées à ce but, il se fait un travail incessant pour imposer à ces pays l'industrie, les mœurs, la langue allemandes, une infusion lente de la population germanique dans ces contrées, et cet envahissement moral n'est que le prélude et sera le prétexte et le moyen d'un envahissement à force ouverte quand le moment sera venu. La tendance d'envahissement et le mouvement centraliste autrichien n'a d'importance qu'en se rattachant à ce grand mouvement d'envahissement et de domination germanique, dont le centre est à Berlin, et qui constitue une menace très-sérieuse pour l'Europe et un danger très-pressant. Il y a là non-seulement l'ambition d'un parti autoritaire et monarchique, comme le parti gouvernemental prussien, mais encore l'ambition d'une race entière et même d'un certain groupe de soi-disant patriotes démocrates et radicaux (1).

On n'a qu'à se remémorer les prétentions des Allemands aux parlements de Francfort et de Vienne en 1848. Qu'on y prenne garde, on verrait à l'occasion, et certaines éventualités surgissant de nouveau, les mêmes prétentions reparaître, et la même opiniâtreté dans leur revendication. « *Drang nach Osten*, (2) » telle est la devise de ce parti.

Ces pays sont donc placés entre deux ambitions qui les exposent à deux dangers d'envahissement

---

(1) Je rappelle que tout ceci était écrit en mars 1870.
(2) Élan vers l'est.

opposés ; l'un venant d'Orient, l'autre d'Occident. Si le premier triomphe, c'est le panslavisme autocratique maître de l'Europe, et refoulant toute liberté et toute civilisation. Si c'est le deuxième, c'est le pangermanisme couvrant toute l'Europe centrale de la mer du Nord à l'Adriatique, et étouffant l'Occident, réduit à se tourner vers l'Amérique. Sans doute, ces deux ambitions, marchant en sens inverse, sont destinées à se heurter. Mais dans ce choc il y aura un vainqueur, d'autant plus terrible qu'il aura accablé son ennemi, et, quelque soit ce vainqueur, nous sommes à sa merci. D'ailleurs, ces deux ambitions peuvent s'entendre et souscrire un pacte d'alliance, en se faisant des concessions mutuelles, et alors qui leur résisterait ?

Le moindre danger qui puisse en résulter pour nous, c'est de nous voir fermer l'Orient, et d'être condamnés à n'être plus qu'une dépendance de l'Amérique. Je le répète, en face de l'avenir nouveau qui s'ouvre en Orient, des conséquences immenses du percement de l'isthme de Suez, il est de la plus grande importance pour l'Occident de conserver son action sur toute la Méditerranée, et pour cela que tous les rivages de cette mer n'appartiennent qu'à des peuples dont aucun ne menace la libre expansion des autres.

En attendant, ces populations se débattent entre ces deux dangers, qu'elle considèrent avec terreur, comme le navigateur entre Charybde et Scylla, et si elles évitent l'un de ces écueils, c'est pour risquer de tomber dans l'autre. Ainsi ballotées, leur perte est probable, et, en succombant, elles assureront le triomphe de leur conquérant. Ainsi du sort de ces peuples dépend le nôtre. A nous d'aviser.

V

UNIQUE MOYEN DE SALUT

Unique moyen de parer à ces deux dangers et de les annuler. — Constitution rationnelle non-seulement de l'Europe orientale, mais de l'Europe entière, en nationalités, selon les tendances naturelles des peuples.

Qu'on ne vienne pas dire que ces nationalités serviront également, et même avec plus d'efficacité, de barrière contre l'ambition russe ou l'ambition germanique en se groupant autour d'une maison impériale ou royale, et constituant ainsi un empire compac, si ce n'est homogène. Ce serait être bien aveugle. Ces empires, auxquels elles sont liées, ne sont plus que des cadavres, et croit-on qu'on puisse ressusciter des cadavres? Ils ne sont plus que des cadavres, et ils agissent sur ces populations comme agissent les cadavres à l'égard des corps sains; ils les dissolvent, ils les glacent de leur souffle cadavérique. Ces populations, enrégimentées dans les armées autrichiennes ou turques, combattront comme des mercenaires ou des enrôlés, pour une cause qui leur est indifférente; ils verront avec autant de plaisir la défaite que le triomphe. En 1859, 1866, les populations sujettes de l'Autriche désiraient sa défaite de tout leur cœur, voyant comme résultat de celle-ci leur délivrance, et comme résultat de son triomphe la continuation ou l'aggravation de leurs souffrances. En Bohême, on disait en 1859 : « Si nous sommes vaincus, nous aurons la constitution; si nous sommes vainqueurs, nous aurons l'inquisition. » Que dire d'un pareil État, dont les populations désirent la défaite et appréhendent le triomphe! Quelle différence, si ces peuples sont constitués en nations! ils seront forts, d'abord parce qu'ils auront les ressources que donne l'organisation; puis, parce qu'ils combattront pour ce qui décuple les forces d'un peuple, pour leur nationalité, pour leur indépendance!

On aura ainsi, selon le plan que je viens d'exposer, deux masses puissantes, l'une au nord, l'autre au midi, mais se reliant entre elles, de manière à former une chaîne solide et non interrompue devant l'ambition russe. Deux pays, particulièrement animés de l'esprit de haine et de résistance au czarisme moscovite, doivent servir de centre à cette résistance. C'est la Pologne au nord, et la Grèce au midi. Etats environnés du prestige des traditions, ayant un passé glorieux et connu de tous, et ayant jadis brillé au premier rang dans leurs contrées, ils seront les deux grands pôles autour desquels se rallieront les diverses populations menacées, exposés eux-mêmes en première ligne au péril.

Il est un autre pays qui, quoique placé rigoureusement en dehors de la question qui nous occupe, s'y rattache pourtant d'une manière trop intime pour ne pas le comprendre dans notre exposé sur l'avenir et la reconstitution de l'Europe orientale, spécialement quand nous les considérons dans leurs rapports avec l'Europe en général; c'est la

Suède et la Norvége, ou la péninsule scandinave, en y ajoutant le Danemark, occupé par la même population. Ce pays est habité par un peuple actif, intelligent, disposé aux idées libérales, dans la pratique desquelles il s'avance de plus en plus. Il est un des plus exposés à l'ambition moscovite, dont il a déjà subi les atteintes. Animé contre elle de rancunes fort vives et menacé par ses empiétements (qu'on songe à la Finlande), il serait un des plus puissants éléments de résistance contre cette ambition, ainsi que contre l'ambition germanique. On doit favoriser la constitution d'une nationalité scandinave, qui est conforme aux tendances naturelles des populations de ce pays, comprenant la Suède avec la Norvége et le Danemark, laquelle serait appelée à s'unir avec la grande confédération slave, dominant sur le rivage opposé de la Baltique, et qui, ainsi unie avec elle, formerait une barrière infranchissable à l'ambition moscovite.

Ainsi, de l'extrémité nord de l'Europe ou du cap Nord à l'extrémité sud ou cap de Matapan, serait établie une digue formidable contre les invasions orientales. La Grèce, qui formerait l'aile droite de cette grande ligne, n'aurait pas une action moins efficace dans les contrées méridionales. La Grèce est d'une importance capitale sur l'avenir de l'Europe; elle est le bastion avancé de celle-ci du côté de l'Orient et de l'Asie; par elle, l'Europe libre et démocratique peut établir son influence sur ces pays; le parti ou les principes qui triomphent en Grèce triompheront là; selon qu'elle sera possédée, soit matériellement, soit moralement, par l'un ou par l'autre parti, elle sera le foyer d'affranchissement ou de servitude pour les contrées du monde antique. Outre cette conséquence de sa position géographique, qui a été le principe le plus fécond de son développement et de son influence dans l'antiquité, ses citoyens sont partout; tout l'Orient, non-seulement européen, mais encore asiatique, est peuplé par eux; les côtes de la mer Noire, sur le territoire russe, l'Asie Mineure, la Syrie, l'Égypte, tous ces pays sont livrés à l'activé grecque; s'ils n'y possèdent pas la domination politique, ils y ont entre les mains l'industrie, le commerce, le dépôt des lettres et des arts; partout leurs négociants possèdent la fortune et l'influence que donnent la civilisation. Par là, le principe émancipateur et démocratique peut se répandre du Caucase à l'Égypte, et attaquer le colosse russe par les pieds, c'est-à-dire sur la frontière danubienne et dans les régions caucasiques, en même temps qu'il l'attaque par la tête dans la Pologne, qui regarde Pétersbourg et Moscou. La nation grecque sera le grand véhicule des idées et des institutions républicaines, et peut les implanter jusque dans les contrées de l'immobile Asie, comme aux temps antiques.

En complétant le tableau des nationalités orientales proprement dites par la nationalité scandinave, les autres nationalités de l'Europe, c'est-à-dire allemande, flamande, suisse, italienne, française, espagnole et anglaise (l'Irlande présente encore un problème) se trouvant à peu près constituées, il arrive par là que, par le plan exposé ci-dessus, toute l'Europe se trouve organisée et fédérée en nationalités, toutes distinctes, vivaces et indépendantes, tant il est vrai que de la solution du problème oriental dépend celle du problème européen.

La règle de conduite à suivre pour arriver à ce résultat est donc toute tracée. Il faut réunir tous les petits peuples, toutes les petites nationalités embryonnaires, et en former un faisceau qu'on devra protéger et appuyer contre les grands empires brutaux et factices, qui ne sont basés que sur la prééminence de quelques hommes et de quelques castes ; former une ligue de petits États ou déjà constitués ou appelés à l'être prochainement, et l'opposer à la ligue des souverains et des castes, et on verra alors celle-ci, sapée par la base, s'écrouler comme le colosse de pierre reposant sur des pieds d'argile, car ces empires ont une force d'étendue et non une force intrinsèque et réelle. Telle est la politique que la sagesse et l'équité conseillent de suivre, et particulièrement qu'elles commandent à la France. Qu'avec la Suède, le Danemark, la Hollande, la Belgique, la Suisse, la Pologne et les autres nationalités slaves de l'Autriche et de la Turquie, la Roumanie et la Grèce, on forme une barrière impénétrable contre l'ambition russe d'un côté, et de l'autre contre l'ambition germanique, en y rattachant, s'il est possible, l'Italie et l'Espagne, et, sous cette formidable pression, que ces empires s'écroulent !

VI

INTÉRÊTS PARTICULIERS DE LA FRANCE EN ORIENT

Intérêts particuliers de la France engagés en Orient. — Tracé spécial de la politique qu'elle doit suivre à l'égard de l'Orient, conformément à ses intérêts et à ses principes. — Union méditerranéenne. — Création d'un boulevard et d'un asile de la liberté en Europe.

Je viens de montrer le sort, l'existence même de l'Europe occidentale intéressés au suprême degré et liés à ceux des peuples d'Orient. Je vais appuyer encore davantage sur cette considération au point de vue spécial de l'intérêt français, et montrer quelle doit être la politique de la France à l'égard de ces pays.

La France occupe en Europe, et on peut dire dans le monde, une position unique et admirable.

C'est ce qui a fait dire avec raison à Strabon: « Il semble qu'une divinité tutélaire éleva ces chaînes de montagnes, rapprocha ces mers, traça et dirigea le cours de tant de fleuves, pour faire un jour de la Gaule le lieu le plus florissant de la terre. » Placée entre trois mers, entre les trois mers qui entourent l'Europe, dont elle forme l'isthme occidental, possédant sur chacune une lisière de côtes d'environ 500 lieues d'étendue totale, qui forment les trois grandes lèvres par lesquelles elle embrasse les contrées qui l'entourent, elle est rattachée par l'une de ces mers aux pays du Nord, par l'autre à l'Espagne, à l'Afrique occidentale, par toutes les deux au nouveau continent, par la troisième enfin à l'Espagne, à l'Italie, à l'Afrique, à l'Asie, aux riches pays qui furent le centre de la civilisation et de la splendeur antiques. Sans parler de son climat heureux, tempéré, qui, conjointement à son sol, favorise chez elle presque toutes les productions spéciales aux différentes contrées du globe, et lui permet de tirer doublement parti de sa situation privilégiée, elle a ainsi une triple navigation, un triple commerce, de triples intérêts, une triple influence politique. Elle doit s'occuper avec un zèle incessant de ces trois lignes d'intérêts. Or, sans méconnaître toute l'importance des deux autres, la ligne des intérêts méditerranéens me paraît devoir obtenir la primauté, car c'est cette région qui la met en communication avec les pays les plus étendus et les plus riches, l'Europe méridionale, l'Afrique septentrionale, l'Asie tout entière. Cependant c'est celle qui est la plus négligée. Actuellement, l'attention et l'ambition du gouvernement de la France est tournée principalement du côté du nord-est, sur les contrées rhéno-maritimes, et à cette politique sont sacrifiés les intérêts orientaux et méditerranéens (1). Ceci remonte à une époque un peu ancienne déjà. C'est avec la fin des guerres d'Italie que commence cette politique, dont Louis XIV surtout inaugura le règne.

Au temps des guerres d'Italie, les rois de France avaient totalement négligé les contrées nord-est

(1) Je rappelle encore que ceci était écrit en mars 1870.

pour s'obstiner à établir leur prépondérance au delà des Alpes ; c'était injuste et insensé. Plus tard, leurs vues se portèrent exclusivement du côté de ces contrées-là ; c'était une politique également fausse dans son exclusivisme. Enfin, l'état d'affaissement et de pusillanimité qu'a subi la politique extérieure générale de la France depuis cinquante ans a encore empiré cet état de choses. A l'heure qu'il est, l'Algérie, notre colonie, est pour nous une charge. L'Italie irritée contre nous nous est presque hostile. Les peuples d'Orient (et j'en puis parler personnellement) commencent à douter de la France, et à se tourner (chose inconcevable) vers l'Angleterre, vers les Etats-Unis, vers la Russie ; leurs oppresseurs eux-mêmes ne nous donnent qu'un rang secondaire dans leur considération. Dans le commerce avec le Levant, qui était autrefois tout entier dans nos mains, nous sommes déjà supplantés par l'Angleterre ; l'Italie, l'Autriche, la Suède ont le pas sur nous. Qui profite du percement de l'isthme de Suez ? Qui, la première, avec le plus d'élan, utilise cette voie nouvelle ? l'Angleterre, qui, après s'être assuré une base d'action sur la mer Rouge, étend, de concert avec le vice-roi d'Egypte, son influence dans tous les pays qui bordent cette mer, jusqu'aux sources du Nil. Le vice-roi nous prend nos artistes, c'est vrai; mais il prend à l'Angleterre ses voyageurs, ses moyens d'appui pour explorer et soumettre les pays qui se prolongent au delà de ses Etats. Encore il y a quelque vingt ans, la France se distinguait dans ces entreprises à la fois politiques et scientifiques; elle envoyait les Combes, les Tamisier, les Lefebvre, les Galinier, les Ferret, les Rochet d'Héricourt, les Raffenel, les Texier, les Fontanier, les Dumont d'Urville, les Laplace, les Vaillant, les Dupetit-Thouars, etc..., mais maintenant, on n'entend pas retentir un nom français sur les rivages étrangers ou inconnus. La France n'a plus d'argent à donner pour ces explorations; et puis... elle n'a plus d'hommes! La faible *élite* d'hommes à qui le gouvernement ne craindrait pas d'accorder sa confiance, trouveraient ces courses trop pénibles, trop périlleuses et pas assez *divertissantes*. La réaction qui s'opère depuis plus d'un demi-siècle contre les principes de la Révolution française, n'a pas eu pour seul et peut-être même pour plus funeste effet d'étouffer la liberté et le progrès de la France à l'intérieur, elle l'a malheureusement détournée complétement, dans cet état de révolution pour ainsi dire permanent où elle a toujours vécu, en lutte avec la compression gouvernementale, elle l'a détournée de la préoccupation et même de l'étude des questions étrangères et de ses intérêts extérieurs. A part une ardeur passagère qui se produit lorsque des luttes armées forcent l'attention, et qui s'éteint aussitôt que ces luttes se terminent, qui n'est guère du reste que de la curiosité, et ne se porte que sur des points futiles et des faits épisodiques de la question débattue, qui ne recherche ni les causes, ni l'origine, ni l'importance, ni l'état passé, ni l'avenir, ni même le présent de cette question dans son côté sérieux, les plus grands bouleversements pourraient survenir tout d'un coup, sans même que nous nous en doutions. Et il est très-certain que nous serons surpris ainsi comme Balthazar ou comme les citoyens de

Pompéï. Ainsi donc, risque de péricliter au dehors, pour ne pas même obtenir au dedans cette indépendance tant désirée, voilà notre situation. Mais revenons aux intérêts méditerranéens.

La France devrait, je crois, tout en accordant le soin et la vigilance nécessaire à sa puissance et à son influence nord-est et en s'occupant surtout d'y établir une bonne frontière naturelle, conforme aux principes de justice internationale qu'elle professe, se souvenir qu'elle est surtout un état méditerranéen par influence et par intérêts, et reporter principalement ses soins du côté sud-oriental. C'est là surtout qu'est le germe de sa prospérité et de sa force, c'est dans cette direction principalement qu'elle doit se développer. Sur les rivages du Nord, elle doit s'appliquer à avoir une place avantageuse, mais qui sera toujours subordonnée à la prépondérance germano-scandinave et slave. Si le bassin de la Méditerranée reprend son ancienne activité et son ancienne splendeur, ce que je crois qu'il est appelé à faire, si des peuples ou plutôt des États nouveaux régénèrent les contrées de l'Orient et leur redonnent l'importance et la prospérité qu'elles avaient jadis et qu'elles ont toutes les conditions pour recouvrer, si enfin une ère nouvelle s'ouvre avec l'isthme de Suez dans les relations avec l'Asie centrale et orientale, nous serons devancés par tous les États qui auront concouru à l'affranchissement et à la régénération de ces peuples, qui auront lié dans ces contrées de solides relations de commerce, conclu des alliances, établi sur ces rivages nouveaux des magasins, des comptoirs, des points de ravitaillement et d'appui, et nous nous traînerons honteusement à leur remorque dans ces parages où autrefois nous dominions exclusivement, objet de la risée de ces peuples, comme cela commence déjà à être notre lot, bien heureux encore si l'envahissement d'une des grandes masses de l'Europe centrale ou orientale, du pangermanisme ou du panslavisme, ne nous ferme pas totalement ce rivages, comme j'en ai montré le danger dans mon exposé général.

J'ai considéré la position géographique de la France plutôt à son point de vue isolé. Mais ce n'est

qu'une des faces de cette merveilleuse situation.
Outre ce rayonnement vers ces trois directions différentes et cette centralisation réciproque d'eux à elle, elle est le centre et l'isthme de l'Europe occidentale, et sert par sa position isthmique, conjointement à son admirable configuration, au cours de ses fleuves nombreux et de facile navigation, s'étendant en éventail sur chacun de ses versants, séparés par des plateaux peu élevés, faciles par conséquent à unir par des canaux, elle sert, dis-je, de communication et de trait d'union entre les trois mers qui baignent cette Europe occidentale, et par conséquent de transit entre les pays riches et importants qui s'étendent sur ces mers; elle est pour ainsi dire le *gué terrestre* entre les rives de ces mers. Mais, pour cela, il faut que toute la Méditerranée soit ouverte à sa côte méridionale, afin qu'elle puisse développer, dans toute leur extension, les avantages de cette position centrale; que les rapports qu'elle établit entre les pays du Nord et du Sud s'étendent non-seulement à l'Italie, à l'Espagne, à l'Afrique occidentale, mais à tout le bassin oriental de la

Méditerranée, aux provinces slaves et grecques, à l'Égypte, à l'Asie..., que non-seulement ce bassin lui soit librement ouvert, mais bordé de pays florissants. Or, dans le cas d'un envahissement germanique ou russe, ce bassin serait entre les mains de cet envahisseur et pourrait lui être fermé (1).

Il importe donc au suprême degré à la France, au point de vue de tous ses intérêts, tant relatifs à son commerce particulier qu'à son commerce de transit, que les rivages de cette mer soient occupés par des États amis, par des peuples libres et démocratiques comme elle, et, en outre, prospères et forts; elle doit serrer avec eux des liens intimes d'alliance et d'intérêts, et former une sorte d'union méditerranéenne. Cette union sera en même temps une union et un réveil des races latines, France, Espagne, Italie, Roumanie, qui sont dans une pé-

---

(1) J'écrivais ceci au mois de mars. Au moment de livrer mon travail à l'impression, en juin, l'affaire du Saint-Gothard est venue montrer la vérité et l'importance de mes affirmations, et faire prévoir ce que deviendra la France, si elle reste longtemps livrée au régime auquel elle est soumise en ce moment (note de juin 1870).

riode de décroissance relativement au développement des races germanique et slave. Elle doit donc poursuivre ces trois buts : démocratiser le bassin oriental de la Méditerranée, favoriser son affranchissement et son développement en tout genre, établir une union solide avec tous les peuples qui s'y échelonnent.

Examinons maintenant par quels moyens elle peut atteindre ce but, et quelle doit être sa conduite et sa politique actuelle envers les peuples et les États qui occupent ce bassin ou y exercent une action.

Passons donc ces côtes en revue. Pour l'Espagne et l'Italie, il est superflu de développer les considérations déjà émises, et, d'ailleurs, ces pays ne rentrent pas dans notre sujet. Après vient le littoral de l'Adriatique. Je me suis longuement étendu sur sa description et son importance dans mon plan de réorganisation. Je n'ai donc pas à revenir là-dessus. Napoléon avait bien compris l'importance intrinsèque et politique de ces pays. Les ayant réunis au territoire français après les traités de 1809, il s'en était occupé spécialement. L'administration française, sous le maréchal Marmont, avait commencé leur régénération et y a laissé des souvenirs encore vivants. Il faut reprendre et développer cette influence française, non plus dans un esprit de conquête ou de domination, mais pour les soustraire à la domination ou à la conquête étrangère, et établir une alliance étroite des idées et des intérêts entre eux et nous. Je répéterai ce que j'ai dit, d'une manière générale, en indiquant la tactique à opposer à l'envahissement russe. Il faut se substituer à la Russie dans son attitude sympathique et protectrice à l'égard de ces peuples, opposer à son action tortueuse et suspecte, l'action franche et désintéressée de la France. La Russie s'applique à attirer les Slaves méridionaux vers le continent c'est-à-dire vers elle, pour arriver par eux sur l'Adriatique, une fois qu'elle les aura sous sa main et pour cela elle agit principalement sur ceux qui sont à sa portée, sur les Serbes et les Bulgares. Nous devons, nous, combattre cette influence par le système opposé, en cherchant à faire peser les nations serbes du côté de l'Adriatique et en nous adressant pour cela d'abord directement aux populations côtières, aux Dalmates, aux habitants de l'Herzégovine et du Montenegro, pour gagner par là toute la masse slave jusqu'au Danube, et pouvoir ensuite librement faire pénétrer l'influence française, c'est-à-dire l'influence de nos idées, l'influence démocratique, chez toutes ces agglomérations de peuples, et de là, comme une traînée de poudre, dans tout l'Orient. La Russie joue le rôle d'un immense aimant placé à l'Orient, agissant puissamment par sa masse, par certaines affinités naturelles; la France doit jouer le rôle contraire d'un aimant placé à l'Occident, et chez lequel la puissance d'action morale, pour ainsi dire, doit remplacer la puissance physique et matérielle. Par son caractère, par ses principes, par sa politique de générosité et de désintéressement, elle doit l'emporter sur la Russie et ses intrigues équivoques, ses promesses fallacieuses, sa sympathie suspecte. Il est facile, comme j'ai dit, de faire revivre l'influence française dans ces pays. Le peu de bien qui leur a été fait vient de nous. Le nom français y est encore vénéré. Les Monténégrins eux-mêmes qui, poussés par la Russie en 1807, ont combattu contre nous, ont conservé le souvenir de notre vaillance, et parlent encore avec admiration des héroïques Français, en qui ils avaient trouvé des adversaires dignes d'eux, de sorte que cette lutte a eu pour résultat de nous faire connaître et estimer parmi eux. Ils ne peuvent d'ailleurs oublier que leur premier chef, le premier fondateur de ce petit État, qui prit depuis le nom de Tsernagora ou Montenegro, fut un prince français (1). Donnons-leur des preuves de notre bon vouloir pour eux, et la France pourra, quand elle le voudra, les avoir pour alliés contre la Russie. Le même système d'action doit être suivi à l'égard des Albanais, en Épire, enfin dans toute la Grèce, avec cette différence que là nous trouverons des populations empressées à nous accueillir et qui verraient avec horreur l'ingérence russe dans leurs affaires. Il en sera de même

---

(1) De la famille des Baux, de Provence, qui s'était établie à Naples, de là en Albanie, et que les Slaves appelèrent Balscha, Balschide.

encore en Bulgarie et en Roumanie ; cette dernière étant latine doit, par double considération, entrer dans l'union méditerranéenne. La masse de la péninsule, qu'on peut appeler hellénique, doit être attaquée, moralement bien entendu, par trois points différents, correspondant précisément aux trois principales nationalités qui l'habitent, par l'Adriatique, chez les Slaves, par la mer Noire, chez les Roumains et les Bulgares, et par l'enfoncement de l'Archipel, chez les Grecs.

Enfin, je terminerai par quelques réflexions que je ne puis m'empêcher de faire sur l'importance topographique de ces contrées et le rôle qu'on peut leur faire jouer dans la défense et la sécurité de la nouvelle constitution démocratique de l'Europe.

Le pays occupé par les tribus serbes, à l'intersection des trois chaînes des Alpes danubiennes, des Balkans et du Pinde, c'est-à-dire des trois versants du Danube ou de la mer Noire, de l'Archipel par le Vardar et de la mer Adriatique par le Drin, est un des plus importants ; c'est un des nœuds de montagnes les plus remarquables de l'Europe. On rayonne de là sur le Danube, l'Allemagne et la Russie méridionale, sur la Roumélie et la Grèce, sur l'Italie, qui n'est séparée que par l'Adriatique, dont de nombreux ports mettent en communication les deux rivages. Un État démocratique établi dans ce pays serait le boulevard, la citadelle de la démocratie en Europe. Il unit l'importance politique à la force propre des lieux. La situation géographique concourt, pour cette mission, avec la combinaison et le relief de ses montagnes et de ses plateaux. Placé au centre des populations allemandes, slaves, grecques, italiennes, il est en contact avec toutes, et les domine toutes aussi du haut de son mont Scardo. Pour le réduire, pour arriver à ces montagnes, il faudrait s'engager dans le chaos inextricable des montagnes de Serbie ou de Bosnie, et il ne peut être tourné par le midi, se trouvant là en contact avec les Grecs, ses alliés naturels, et, d'ailleurs, les États continentaux seraient pour cela forcés d'envoyer des troupes par mer et de leur faire faire un long trajet par cette voie. Voyez la peine que l'Autriche a eu à soumettre une poignée de montagnards dans son district de Cattaro. La ville principale, Belgrade, au confluent de la Save et du Danube, qui l'unissent à l'Adriatique et à la mer Noire, et à l'Europe septentrionale, est placée au centre de gravité de l'Europe, elle en est pour ainsi dire le point ombilical. On pourrait en faire le centre d'action de la démocratie européenne. Cette ville servirait de refuge et de ralliement à tous les soldats de la démocratie qui seraient persécutés et traqués par les violateurs de la liberté sur quelque point de l'Europe que ce soit. Les montagnes auxquelles elle est adossée et dont je parlais au début seraient le réduit inexpugnable de cette place forte de la démocratie. A la moindre menace de danger, ils se réfugieraient dans ces retraites, et du sein de ces repaires inaccessibles, ils continueraient à proclamer les droits sacrés de la liberté, à lancer sur les peuples des appels contre la tyrannie et à organiser la résistance. Sans doute, on ne songerait pas à en tirer une armée pour la lancer contre l'oppresseur, mais croit-on que ce n'est rien que les écrits qu'ils répandraient de là dans toute l'Europe, les appels à l'indépendance, les plans qu'on pourrait librement y mûrir. De là, ils agiraient, comme nous l'avons déjà fait remarquer, sur l'Allemagne, sur la Russie, sur la Grèce, sur l'Italie, qui toutes entourent ce rempart inexpugnable du Scardo.

Ce pays a joué le plus grand rôle dans l'histoire de l'humanité. C'est par là que les Romains ont envahi les contrées danubiennes. Une route magnifique, construite par Trajan, passait sur ces hauteurs et unissait l'Adriatique au Danube, qu'elle franchissait ensuite sur un pont dont on voit encore les ruines sur les confins de la Valachie. Il a été également le point où se sont acharnés pendant de longues années les efforts des Turcs. Quand il a été forcé après la bataille de Cossovo, les Turcs ont été les maîtres des plaines du Danube, et sans l'héroïque résistance des Hongrois et de Belgrade, ils envahissaient toute l'Europe.

Après avoir exposé le plan suivant lequel ces peuples sont appelés, je crois, à se réorganiser, l'intérêt et l'urgence de cette réorganisation pour l'Europe, les dangers du *statu quo*, je donnerai ici quelques détails sur les empires actuels et l'organisation présente, en y ajoutant les autres grandes puissances européennes diplomatiquement engagées ou seulement intéressées dans la question; puis, ensuite, sur chacun de ces peuples en particulier.

VII

DÉTAILS SUR LES TROIS EMPIRES DE L'EUROPE ORIENTALE

Détails sur les trois empires qui renferment les populations orientales — Leur formation, leur essence, leur ambition, leur politique passée et présente. — Politique suivie par les autres puissances occidentales intéressées dans la question.

Empire d'Autriche. — On donne le nom d'empire d'Autriche à une réunion de royaumes, principautés et duchés représentant autant de nationalités, tous groupés sous un même chef et dont la partie la moins importante a donné son nom à la masse. Ce sont les royaumes de Bohême et de Hongrie, lequel comprend lui-même celui de Croatie-Slavonie et la principauté de Transylvanie, l'archiduché d'Autriche, avec plusieurs autres dépendances, Tyrol,

Salzbourg, Vorarlberg, Styrie, Carinthie, Carniole, Istrie, Dalmatie,..... qui forment les principaux éléments de cet empire, et c'est cet archiduché d'Autriche, la partie la moins importante de cet assemblage, qui a donné son nom à la masse. Ce titre est absurde, et prouve bien que les empereurs entendent par là la domination de cette minime partie sur toutes les autres. On comprendrait avec plus de raison un empire slave ou même hongrois, en tant qu'on admettrait la fusion des pays slaves du sud dans le royaume de Hongrie. Relatons en quelques mots la formation et l'histoire de cet empire et les diverses phases qu'il a subies jusqu'à sa constitution actuelle.

L'empire d'Autriche est une *théorie*, contraire à toutes les lois de la science ethnographique et à la liberté des nations, qui a germé à la fin du dernier siècle dans l'esprit des hommes d'État de la cour de Vienne. Cette cour, ou si l'on aime mieux, la maison d'Autriche était alors encore à la tête de l'empire d'Allemagne, mais elle n'exerçait plus qu'une autorité plutôt honoraire. Les membres de cet empire s'étaient déjà affranchis et fonctionnaient séparément, mais elle était arrivée, partie par le libre consentement de ces peuples, partie par la violence, à la possession héréditaire de tous les trônes que nous avons mentionnés. L'empereur Joseph II, prévoyant peut-être que le titre d'empereur d'Allemagne échapperait bientôt à sa maison, conçut le premier l'idée de fondre tous ces États et tous ces trônes, de manière à en faire un tout homogène, une unité. Après lui ses successeurs ont tous tendu vers ce but. Ce but, cette théorie, comme nous l'avons appelé, est donc : la réunion de tous les états, de toutes les nationalités soumises à la maison d'Autriche, mais qui toutes, lors de leur soumission volontaire, s'étaient réservé de droit leur autonomie, leur existence propre ; leur réunion, dis-je, en un vaste empire occupant le bassin central du Danube, et dans lequel librement ou violemment devaient se fondre ces États, s'anéantir ces nationalités. La maison d'Autriche, qui avait joué dans un temps, aux yeux d'une partie de ces peuples, le rôle de protectrice contre l'ambition ottomane, devait dans l'avenir être leur défense en même temps que celle de l'Europe entière contre l'ambition russe. Il faut dire en passant qu'elle les a aussi mal protégés contre les Turcs, qu'elle les protège actuellement pitoyablement contre la Russie. C'est elle d'abord qui s'est associée avec cette dernière puissance pour démembrer la Pologne, c'est elle qui a fait disparaître le dernier vestige de cette nationalité; enfin, depuis qu'elle s'est donné cette mission, elle s'en est acquittée en appelant la Russie contre les Hongrois révoltés, en favorisant par sa conduite la ruine de la dernière insurrection polonaise, et actuellement elle travaille mieux que la Russie elle-même à propager l'influence russe dans toutes les parties slaves de son empire par sa politique à leur égard. Quoi qu'il en soit, dans ces conditions de fusion et d'unité, l'empire autrichien a été possible. Son établissement devait être une lutte acharnée entre l'étouffement de ces populations qui ne voulaient pas périr, et leur résistance et leur obstination à garder leur nationalité, leurs traditions, leur langue. L'avenir devait décider. Si la puissance centrale de Vienne réussissait à écraser les populations sous la compression militaire et bureaucratique, l'empire autrichien était fondé. Si celles-ci étaient assez tenaces, assez fortes pour résister, c'était un empire mort-né. Le pouvoir de Vienne n'a pas été assez fort.

Trois races principales forment les éléments de cet empire: les races allemande, madgyare, slave, ayant chacune leur langue. Il fut discuté un moment, dans l'origine, à quelle langue et partant à quelle race on donnerait la préférence dans la fondation de l'unité qu'on se proposait d'établir. Mais l'empereur était allemand, tous les hommes de son entourage étaient allemands, l'élément allemand fut choisi comme essence de l'empire, bien qu'il fût de beaucoup inférieur en nombre à l'élément slave. Alors commença, surtout après 1815, la contrainte la plus violente pour germaniser tous ces peuples (1). On déchaîna à outrance les persécutions et

---

(1) C'est en 1803 que l'empereur d'Allemagne François II prit le titre d'empereur d'Autriche et fonda réellement cet empire en vio-

les violences pour fonder l'unité, on lâcha tout frein au règne de la police, de la bureaucratie. Pendant soixante-dix ans, ce ne fut pour ces malheureuses populations qu'un long *carcere duro*, une compression morale et matérielle totale. Les mouvements de 1848 ne servirent qu'à aggraver cet état, quand ils eurent été maîtrisés. Le système de centralisation fut alors poussé aux dernières limites : toutes les parties de l'empire furent égalisées sous le niveau écrasant de la domination centrale allemande de Vienne, toute vie nationale disparût, on put croire un moment l'empire autrichien fondé. Ce système reçut le nom du ministre Bach, qui fût chargé de l'appliquer. Enfin, et il était temps, cet empire autrichien, qui n'avait pu réussir en dépit de ces persécutions et de ces efforts à se constituer sur des bases quelque peu solides, fut mis à deux doigts de sa perte par une

---

lant ouvertement les droits de ses peuples, et les violant doublement, car il n'était empereur que comme souverain d'Allemagne, et nullement comme souverain de Hongrie ou de Bohême; en second lieu, en intitulant son empire empire d'Autriche, il établissait la suprématie d'une petite partie des divers États dont il était le souverain sur toutes les autres.

puissance allemande rivale qui lui disputait la
prééminence en Allemagne, car la maison d'Autriche
n'avait pas abandonné pour tout cela ses idées d'hé-
gémonie germanique. La cour de Vienne fut forcée
alors de fléchir, et pour rendre possible encore
l'existence de son empire tant rêvé, elle consentit
à admettre une des autres races qui le composaient
à partager avec l'élément allemand la suprématie,
elle consentit au *dualisme*. Pour cela, elle s'adressa,
non pas aux Slaves, l'élément le plus nombreux, le
plus opprimé, mais aux Hongrois, qui formaient,
sous la minorité oppressive des Allemands, une autre
minorité oppressive des Slaves, et l'empire fut di-
visé en deux grandes dominations, et les Slaves
encore une fois sacrifiés. Pourtant ils sont 17 millions, et réunis aux Roumains forment avec eux 21
millions, et leurs oppresseurs réunis 12 millions seulement. Ce fut un traité entre deux oppresseurs
pour se partager la domination sur les autres peuples sacrifiés de l'empire. La Hongrie, en effet,
tandis que le centralisme allemand s'efforçait d'envahir et d'étouffer toutes les autres parties de l'em-

pire, s'obstinait parallèlement et en sous-ordre d'envahir et d'englober dans sa domination despotique tous les peuples compris dans l'ancienne monarchie hongroise, et cet envahissement n'était ni moins impitoyable, ni moins féroce que l'envahissement germanique, de telle manière que ces pays donnaient le spectacle, avant 1867, époque où la Hongrie recouvra son autonomie, de populations slaves, roumaines, assujetties à des Allemands et à des Hongrois, ces Hongrois eux-mêmes assujettis aux Allemands, et enfin tous ensemble, Allemands avec tout ce qui était au dessous d'eux soumis à un chef suprême ou empereur absolu. On voit que les fondateurs de l'empire semblaient s'être modelés parfaitement sur l'ordre des systèmes planétaires. Il n'y a actuellement de changé que ceci, que les Hongrois sont maintenant indépendants, et que l'empire est devenu constitutionnel.

Les Hongrois, dans le grand mouvement national qui se fit chez eux à partir de 1832, voulurent réunir à eux intimement et indissolublement tous les pays qui avaient fait partie de la monarchie hongroise aux temps de sa splendeur. Ils sentaient que pour résister, soit à l'envahissement autrichien, soit aux ambitions extérieures, comme celle de la Russie, il fallait qu'ils formassent un peuple nombreux et puissant; en se comptant eux, les seuls Madgyars, ils se trouvaient trop faibles, ils disaient qu'un seul peuple devait occuper ces plaines du Danube, et que tous les autres devaient se fondre en lui, et c'est à eux-mêmes qu'ils attribuaient ce rôle. Dès crs, tous les autres peuples devaient être absorbés en eux : « Nous sommes menacés par le Germanisme, le Panslavisme et le Daco-romanisme; constituons une nation hongroise, grande et unie ; là est notre salut; si non, nous périssons, nous sommes anéantis. *Que l'indépendance de la Croatie, de l'Esclavonie, de la Transylvanie et du Banat soit abolie; que les habitants de ces pays se confondent avec les Hongrois.* Autrement, c'en est fait de nous. Que tout homme soit homme et hongrois, » Ainsi chantaient leurs poëtes, et le comte Szecheny, le grand promoteur du mouvement national, disait : « Il faudrait pouvoir avec des pierres créer des Hongrois; il faudrait pardonner au parricide, si le parricide devait servir leur cause sacrée. » Et l'esprit imprégné de cette idée, ils étaient impitoyables pour la résistance des autres nationalités. (1) L'union de la Croatie, de la Transylvanie, qui jusqu'alors avait formé une principauté séparée, fut obstinément réclamée. En 1848, tandisqu'ils revendiquaient pour eux la reconnaissance de leurs droits, et la proclamation de leur indépendance nationale, ils refusèrent opiniâtrement la même indépendance aux peuples qu'ils dominaient et opprimaient en violant les mêmes droits que l'Autriche violait à leur égard, ils prétendirent, au contraire, contraindre tous ces peuples à s'unir à eux définitivement, voulant les étouffer dans un centralisme bien autrement absorbant encore que le centralisme

---

(1) Je ne fais, bien entendu, remonter la responsabilité de ces paroles et la conduite par laquelle elles étaient justifiées qu'aux hommes qui les prononçaient, aux hommes et aux partis qui dirigeaient alors le pays, et ne veux nullement en rendre solidaire la nation tout entière, où, je l'espère, l'élément aristocratique a la principale part de cette intolérance et de ce mépris à l'égard des droits d'autrui.

que l'Allemand Bach appliqua à toute l'Autriche après 1849. Ces peuples résistèrent; la Transylvanie fut hérissée de potences, des torrents de sang coulèrent. Tous ces peuples, Slaves, Roumains, se levèrent en masse contre les Hongrois eux-mêmes insurgés contre l'Autriche, et neutralisèrent leur mouvement. Et ce sont ces peuples, soulevés contre l'ennemi de leur existence même, qu'on a voulu faire passer ensuite pour les appuis de la tyrannie. Puis vint Bach, qui établit le niveau allemand sur tous sans distinction, et tout rentra dans le silence jusqu'en 1860. Enfin, en 1867, la Hongrie fut réintégrée de nouveau dans sa domination sur ces populations, et même la réunion de la Transylvanie fut définitivement consommée. La Hongrie domine donc actuellement sur les Roumains de Transylvanie, sur les Slaves de Croatie et de Serbie et les Slovaques, et elle prétend même à la domination sur tous les autres peuples du Danube formant des nations indépendantes, comme les Serbes de la Principauté, les Moldo-Valaques, ou des provinces directes de l'empire turc, comme les Bosniens, les Croates

tures et les Bulgares, peuples qui avaient autrefois plus ou moins relevé comme sujets ou comme vassaux de leur monarchie; ils se regardent d'ailleurs comme les héritiers naturels de l'Autriche et de la Turquie ; au couronnement de l'empereur d'Autriche comme roi de Hongrie, les étendards de tous ces peuples figuraient à côté de ceux des provinces qui leur sont effectivement soumises : ce sont, pour eux, des vassaux *in partibus infidelium*. L'Autriche proprement dite, ou Cisleithanie, comprend sous la domination allemande les Tchèques de Bohême, de Moravie et de Silésie, les Polonais et les Ruthènes de Gallicie, les Slovènes de la Carniole, de Carinthie et de Styrie, et de l'Istrie, les Dalmates, les Roumains de la Bucovine (voir le tableau de la répartition des populations sujettes dans les trois empires). L'empire autrichien se divise donc en deux dominations ou hégémonies, domination des Allemands dans la Cisleithanie, domination des Hongrois dans la partie orientale. C'est, comme le dit très-bien l'auteur d'une brochure excellente sur les populations de l'Autriche, « le système d'unification qui a déjà échoué, coupé en deux et parlementarisé (1). » L'Autriche a agi comme un voleur qui, menacé par un confrère, lui abandonne une part de son larcin pour jouir en repos et en sécurité du reste.

L'empire austro-hongrois actuel est donc fondé sur la domination commune de deux races sur les autres races; c'est une ligue de deux forts contre de plus faibles. c'est un empire un et homogène dans sa dualité, dont les deux fractions ont un seul et même intérêt, les mêmes ennemis, les mêmes vues, les mêmes ambitions. et s'accorderont entre elles jusqu'au jour où des rivalités engendrées par des convoitises et des compétitions d'agrandissement ou de prépondérances, conséquences de ces mêmes ambitions, viendront mettre la discorde entre les deux associés, mais la faiblesse de l'empire ne lui laissera pas même le temps de périr par la séparation de ses deux grandes parties: il tombera en lambeaux avant que cette désunion n'arrive.

---

(1) *Les Populations de l'Europe orientale*, par un Français. Paris 1869

Croit-on pouvoir faire subsister cet état de choses absurde, contraire aux plus simples notions de justice distributive et de droit des peuples d'abord, violation formelle du reste des pactes et des conditions passés avec ces peuples, qui tous, en choisissant pour roi un archiduc d'Autriche ou un roi de Hongrie, avaient prétendu garder leur existence personnelle ; enfin, je crois que je l'ai montré clairement, un état de chose aussi impossible à établir par la violence, qu'impraticable à conserver du libre consentement de ces peuples. Quand on sera parvenu à unir l'eau et le feu, on pourra maintenir l'empire d'Autriche.

Je viens d'établir que l'empire actuel d'Autriche étant non-seulement contraire au droit primordial et imprescriptible des peuples de pouvoir à chaque moment de leur existence disposer d'eux-mêmes et faire acte de souveraineté, mais encore aux droits historiques et diplomatiques, puisqu'ils s'étaient d'abord réservé de garder leur autonomie, tout en acceptant ce qu'ils appelaient l'union personnelle, c'est-à-dire la transmission de leur couronne sur la tête des princes d'Autriche, puis de rentrer dans la libre disposition de cette couronne à l'extinction de la famille actuelle d'Autriche, et de la donner à qui bon leur semblerait, réserve qui rend *impossible toute existence d'un empire autrichien, même fédératif, en dehors des provinces héréditaires*. D'ailleurs pour ceux-là mêmes qui estiment que le droit éternel des peuples puisse être aliéné, les traités ayant été presque dès l'origine foulés aux pieds par ces princes d'Autriche, ces peuples seraient rentrés dans la pleine possession de ce droit.

Ainsi, les populations de l'empire d'Autriche sont dans toute la plénitude de leurs droits, à quelque point de vue qu'on se place, pour refuser d'entrer dans la constitution de cet empire, *quelle que soit cette constitution*. Mais il y a des gens qui pensent qu'il est convenable, dans l'intérêt de ces populations même, comme dans celui de l'Europe, et qu'il est dans leurs tendances, de former *librement* une fédération sous le sceptre des Habsbourg, fédération qui serait un empire d'Autriche régénéré et transformé dans son avenir naturel. Il y en a même qui vont plus loin, et malheureusement il se trouve de ces gens dans la démocratie, je crois, qui font franchement litière de ces droits des peuples, et qui disent : « Oui, le droit rigoureux, théorique est de leur coté, mais l'intérêt général de ces pays même et de l'Europe entière l'exige: ces peuples doivent rester unis fédérativement, il est vrai, mais par grandes masses, autour d'un pouvoir central énergique, représenté par la maison impériale de Habsbourg. » Eh! bien, je n'ai pas de peine à montrer aux uns et aux autres, et sans chercher chicane aux seconds sur le terrain de la justice, qu'ils se trompent entièrement. Je les défie d'abord de trouver un souverain qui consente à cette indépendance fédérative des parties de son empire, à ce pouvoir platonique et tout présidentiel, et d'amener ensuite les Allemands et les Hongrois à accepter cette égalité des parties tant que durera l'union sous un même sceptre. Enfin, il serait non moins difficile d'amener toutes ces populations, qui en somme, en les étudiant sérieusement, divergent d'aspirations et d'intérêts, qui sont, pour la plupart, des parties détachées violemment d'anciennes et fortes nationalités, qui ont à coté d'elles en contact intime des populations de même race, autres fractions de ces mêmes nationalités, comprises dans un autre empire aussi vermoulu, ou même libres, il est difficile, dis-je, que ces populations puissent, rompant avec tous ces liens, ces forces d'attraction, se précipiter les unes vers les autres dans une union d'où tout les éloigne. Elles sont toutes composées de fractions de mêmes nationalités, réparties par tronçons dans des empires différents, et ces différentes fractions d'une même nationalité ne sont pas séparées autrement que des parties d'une masse d'eau qu'on aurait divisée par des cloisons, et comme les pressions mutuelles qui s'exercent des deux cotés avec énergie contre ces cloisons ou ces obstacles ne peuvent tarder à les pénétrer et à les rompre, l'équilibre stable n'est possible qu'en supprimant immédiatement ces obstacles trop faibles et laissant les parties libres de se réunir comme leur attraction réciproque les y porte. J'en appelle, pour la confirmation de ce que j'avance, à tous les faits récents, à l'opinion de tous ceux qui ont visité ou étudié d'une manière approfondie ces populations. Les liens et les différences de religion même disparaissent devant les liens et les différences de race. Peut-être, il y a un siècle, la fédération dans l'empire d'Autriche eût-elle été possible, et je ne le crois pas; maintenant elle est impossible, même une fédération libre et républicaine. Enfin, ces peuples sont actuellement séparés de la maison d'Autriche et même séparés entre eux, ce qui est plus regrettable, par des torrents de sang, des séries de persécutions atroces, qui restent gravées ineffaçables dans les cœurs, et rendent impossible une union sincère et solide autour de cette maison.

L'auteur d'une brochure très-instructive sur l'empire d'Autriche (1) cite avec beaucoup d'à-propos à ce même sujet quelques lignes du grand écrivain politique anglais, Stuart Mill. Voici ces lignes : « Les institutions libres sont à peu près impossibles dans un pays composé de natio-

---

(1) *L'État autrichien*, par Louis Leger Paris. 1836.

nalités différentes. L'unité de l'opinion publique, nécessaire au fonctionnement du gouvernement représentatif, ne saurait y exister. Les influences qui forment les opinions et décident les actes politiques diffèrent dans les diverses parties de l'État. Ce ne sont pas les mêmes chefs (leaders) qui ont la confiance du pays. Ce ne sont pas les mêmes livres, les mêmes journaux, les mêmes pamphlets qui forment l'opinion. Une partie de l'État ne connaît pas les idées, les inspirations qui existent dans une autre. Les mêmes incidents, les mêmes actes, les mêmes systèmes de gouvernement affectent les peuples de façon différente; chacun d'eux craint plus de mal des autres nationalités que du maître commun, l'État. Leurs mutuelles antipathies sont généralement plus fortes que leurs antipathies pour le gouvernement. Que l'un se sente blessé par la politique du maître commun, cela suffit pour en déterminer un autre à soutenir cette politique. » (1)

---

(1) *Ess y on representative government.*

Ce tableau, certes, n'est pas brillant, ajoute l'auteur de la brochure citée, mais il est exact.

Je prévois qu'on opposera à cette opinion l'exemple de la Suisse, qui se compose de trois éléments principaux de nationalités. Mais je dirai d'abord que la Suisse est en grande majorité composée de la même race, la race allemande, ou plutôt gallo-allemande, que, du reste, l'union à cette race ou nationalité d'une partie de race ou nationalité italienne n'est certes pas le plus brillant côté de sa constitution; mais que, d'ailleurs, ces éléments ne sont pas aussi tranchés, à beaucoup près, qu'en Autriche, qu'ils n'ont pas fait parties de grandes nationalités vivaces dont ils aient gardé le souvenir; que la Suisse s'est formée à l'origine, comme tous les autres États, sur les débris de la féodalité européenne alors qu'il n'y avait aucune nation bien assise et bien constituée, mais seulement de la matière nationale cosmique; qu'elle a réuni divers groupes en une fédération, un peu comme la France l'a fait en une unité; que ces divers groupes de races différentes, je ne parle pas des divisions *politiques* de la confédération, peuvent très-bien, également comme ils ont fait en France, arriver à se fusionner, que cette fusion est déjà en grande partie opérée, que les deux races gallique et germanique surtout y sont très-fortement mélangées dans toutes les parties (par parties, j'entends ici les cantons); qu'il n'y a pas de traditions de nationalité vivace et distincte, de passé historique parmi ces groupes, et qu'en même temps que l'unité de race s'opère, il y a une tendance à donner plus d'unité politique; que, du reste, ces diverses nationalités ne forment que de petites populations, il n'y a pas ces grandes rivalités, ces dangers pour les unes d'être étouffées ou envahies par les autres; qu'enfin sa configuration topographique, toute de montagnes, sa situation autour de tous les grands sommets, de tous les grands plateaux de l'Europe, au centre de toutes ses grandes vallées, à la naissance de tous ses grands fleuves, lui crée une condition toute spéciale, qui, en même temps qu'elle assure l'indépendance à ses diverses parties, ne contribue pas peu à la fusion naturelle de toutes les races qui l'habitent, et qui se touchent et viennent se réunir sur son territoire, absolument comme les grands fleuves qui coulent dans les larges et vastes vallées qui s'étendent à ses pieds viennent se réunir sur ses plateaux et confondre presque leurs sources souvent séparées les unes des autres par d'imperceptibles pentes de terrain. Ce n'est que dans les grandes vallées ou les pays peu escarpés, séparés par de hautes montagnes, qu'on trouve des races bien tranchées et ayant chacune sa physionomie bien distincte ; sur ces montagnes, qui servent de barrière entre ces vallées et ces pays, ces distinctions s'effacent, s'affaiblissent. La vie du montagnard, vie toute spéciale, la même partout, y contribue encore beaucoup.

Toute autre est la situation de l'Autriche. Elle a voulu réunir ici de grandes masses ayant formé chacune des nationalités très-vivaces, des États puissants, où la vie personnelle s'était trop affirmée et avait duré trop longtemps pour pouvoir jamais s'éteindre, là des fractions de semblables masses et nationalités, violemment séparées des autres parties. La durée de la compression n'a fait qu'irriter et développer ce sentiment national propre, et rendre plus impossible encore toute union. A présent comme au début, il n'y a pas de milieu, ou la fusion complète, ou l'autonomie absolue de chaque partie. Or, la fusion qui aurait *peut-être*, à force d'habileté et de compression, été possible il y a un siècle, est totalement impossible aujourd'hui. Les nationalités qui composent l'empire autrichien, qui ne se sont jamais mêlées ensemble, qui ont toujours vécu juxtaposées, se sont, dans ces derniers temps, rattachées avec plus de *fureur* que jamais à leur existence individuelle, elles ont fouillé dans leur passé, recherché leurs origines, remis en usage et en honneur leur langue, leur littérature, et réclament avec obstination l'indépendance politique comme l'indépendance sociale et littéraire. Tous ces pays, tandis que l'Autriche s'efforce de les réunir sous un gouvernement centralisateur, se raidissent dans le sens opposé ; tandis que le gouvernement autrichien agit sur eux de tout son pouvoir par une force centripète, ils réagissent et s'écartent avec d'autant plus d'énergie par une force centrifuge. Quand cette dernière cherche à aviser aux moyens de tenir les uns tranquilles au nord, voilà qu'au couchant d'autres se remuent, puis au levant, puis au midi, et vous verrez qu'avec tous ces tiraillements aux quatre points cardinaux, cette pauvre Autriche finira par être bel et bien écartelée, et rrévocablement séparée en tronçons. C'est le résultat inévitable où doivent la conduire les diverses populations qui la composent ; ces populations longtemps opprimées sous le sceptre de l'empire germanique, qui les avait étouffées sous sa gigantesque domination, et dissimulées pour ainsi dire aux yeux des autres nations, à tel point qu'on n'en savai plus qu'à peine les noms, ces populations demeurées pourtant vivaces, et dont pas une n'avait oublié les jours de l'indépendance, ces populations, dis-je, à présent que l'empire a perdu la force de cohésion factice qui en réunissait les parties, commencent à relever la tête, à mesurer leurs forces, et revendiquent leur liberté ! Une force irrésistible les y conduit. De même que le Saint-Empire germanique dont il n'est plus que le pâle reflet, l'empire d'Autriche a vécu !

Mais, en attendant que ce moribond soit descendu définitivement au tombeau, observons les derniers actes de son agonie, et étudions son action extérieure comme s'il était viable. Cela peut d'ailleurs être utile non-seulement au point de vue de l'heure présente, mais parce que sa politique est celle de ses éléments dominateurs qui ne périront pas avec lui. Examinons donc comment il se comporte vis-à-vis des autres empires qui le touchent et des peuples compris dans ces empires.

La maison d'Autriche, lorsqu'elle possédait l'empire d'Allemagne, était l'ennemie invétérée de la Turquie. Exposée directement à ses coups, une fois qu'elle eut réuni la couronne de Hongrie, tous ses efforts tendaient à l'affaiblir le plus possible et à lui enlever tout le terrain qu'elle pouvait pour garantir sa sûreté d'abord, et s'étendre à ses dépens. Elle jouait alors le rôle de soutien et de libérateur des peuples slaves du Danube contre les Turcs. Mais elle s'aperçut un jour que la Turquie n'était qu'un fantôme de puissance, incapable de rien menacer chez elle, et que les populations chrétiennes que celle-ci tenait assujetties, en s'unissant à celles de mêmes race et nationalité qui étaient déjà dans son propre sein, et pouvant ensemble revendiquer leur indépendance, étaient bien plus redoutables pour elle que l'empire qui les opprimait et les tenait domptées; que souffler la révolte parmi elles, c'était la provoquer dans son propre empire ; que le signal de l'insurrection et de l'affranchissement de la Turquie serait aussi le signal du soulèvement chez elle ; que tous les peuples qui se rendraient indépendants dans cet empire seraient un aimant, un pôle d'attraction irrésistible pour les populations de même race qui lui étaient soumises, et un ferment de dissolution pour son empire à elle; que, par conséquent, elle et la Turquie étaient solidaires d'intérêts et de politique, et bien loin de chercher à se nuire, devaient se soutenir mutellement comme oppresseurs des mêmes peuples; de sorte que, bien avant de faire, à l'intérieur, le partage de domination qu'elle a fait avec la Hongrie, elle avait fait un partage de domination à l'extérieur avec la Turquie.

Mais, de même que l'union de l'Autriche avec la Hongrie, l'union de l'Autriche avec la Turquie est un pur machiavélisme, comme toutes les unions d'empires du reste. On s'abuserait étrangement de croire qu'au fond l'Autriche désire le maintien de l'empire turc; elle le désire tant qu'elle ne sera pas en mesure de profiter de ses dépouilles, et qu'un autre sera mieux qu'elle à portée de le faire ; elle veut recueillir des bénéfices de sa dissolution, et non pas qu'il se fasse à ses dépens; voilà tout. Aussi intrigue-t-elle de son mieux, mais plus sournoisement et plus indirectement que la Russie, dans tous ces pays soumis ou tributaires de l'empire turc; elle s'y introduit, s'insinue par ses négociants, ses marchands de tout genre, par ses industriels, par ses arts, sa littérature, par ses administrations, ses grandes entreprises d'intérêt public. Elle surveille le mouvement de ces peuples, les progrès de la désorganisation de la Turquie, prête, quand le fruit sera mûr, à le cueillir ou à tendre la main pour qu'il y tombe tout naturellement. En attendant, elle dénonce à tout moment la Russie comme soufflant la révolte et attisant le mécontentement chez les populations de la Turquie, ainsi que chez les siennes; elle voit d'un œil jaloux cette puissance minant ce pays en sens contraire de ses menées, pour précipiter non-seulement leur affranchissement du joug turc au détriment de ses convoitises, mais encore pour lui en faire subir le contrecoup à elle-même; et à chaque petit incident, chaque remuement dans ces contrées, sa diplomatie, ses journaux éclatent en accusations contre cette puissance et l'attribuent à ses « machinations, » comme s'il n'y avait pas assez de ferments de rébellion dans ces populations, tant celles de l'empire turc que de son propre empire, pour qu'il ne soit pas à tout propos nécessaire à celle-ci de les exciter. D'un autre côté, la Russie proteste invariablement de son innocence, et elle n'est pas toujours aussi innocente qu'elle veut bien le dire. Il est très-difficile, dans ces occasions, de bien connaître la vérité, de discerner à laquelle de ces affirmations contraires il faut accorder le plus de confiance, avec cette politique bysantine, astucieuse autant d'un côté que de l'autre. Malgré tout cela, ces deux puissances, si peu en harmonie, sont liées l'une à l'autre par la possession commune de lambeaux d'une même nation, dont l'acquisition n'a été, de leur part, qu'un véritable acte de brigandage; je veux parler des provinces polonaises. Cette possession commune, qui pourrait devenir entre elles deux la source de compétitions sérieuses et de luttes acharnées, les réunira toujours, d'autre part, contre un ennemi qui manifesterait des sentiments suspects à cet égard.

Je me suis un peu étendu sur la description de l'état présent de l'Autriche et de la politique de cet empire, parce que c'est la question la plus vaste, la plus difficile, la plus sujette à divergence d'idées, et peut-être la plus mal connue; c'est la partie certainement la plus compliquée et la plus délicate de la question d'Orient prise dans son acception la plus étendue. Bien des gens ont abandonné la Turquie, qui défendent encore l'Autriche, et surtout la Hongrie, et veulent le maintien de son existence, sans penser que la solution de la question orientale est aussi impossible avec le maintien de l'empire d'Autriche, qu'avec celui de l'empire de Turquie.

Empire de Turquie. — Je ne m'arrêterai pas ici à décrire l'empire de Turquie, ses phases et son état présent, et à faire le tableau de cet empire décrépit, plus absurde encore que l'empire d'Autriche, puisque chaque race, chaque religion y est traitée d'une manière différente, a des droits et des devoirs à part; de ce gouvernement dissolu, corrompu, qui ne vit que d'emprunts usuraires multipliés, et suce vraiment le sang de ses peuples. Il lance de temps en temps de magnifiques programmes de réformes, d'améliorations; il a des journaux payés chez lui qui en font un panégyrique enthousiaste, d'autres journaux payés ou intéressés, à Paris, qui répètent cette gamme dithyrambique, et trouve des badauds qui lisent tout cela, et les croient sur parole. Pourtant ces réformes ne réforment rien, on n'y pense même plus le lendemain; pas un fonctionnaire ne vole un sou de moins; pas un pouce n'est enlevé à l'arbitraire ; elles n'amènent pas un changement, pas une amélioration ni dans le sort des musulmans, ni dans celui des chrétiens ; je me trompe, quand ces prétendues réformes en faveur des chrétiens sont proclamées, les Turcs furieux se déchaînent contre eux, et il y a redoublement de mauvais traitements et d'attentats ; aussi il faut désirer, pour les chrétiens, que le sultan fasse le moins possible de réformes en leur faveur.

Tous les observateurs sérieux qui ont vu la Turquie et écrit leur sentiment sur cet empire et ses réformes, depuis les premières qui furent arrêtées, ont conclu à l'inanité de celles-ci et à la dissolution inévitable de celui-là dans un temps rapproché. (1)

On peut à peine dire que cet empire existe, à la merci comme il est de ses protecteurs, n'étant sauvé de la ruine que par leurs divisions, et n'étant pas

---

(1, Lire, sur ce sujet, le *Voyage du maréchal Marmont en Orient*, 1837. *La Hongrie et la Valachie*, 1840 (chapitre Constantinople), par Thouvenel. — *La Turquie et ses différents peuples*, 1856, par H. Mathieu, etc

autre chose qu'un mannequin dont ils manœuvrent les ficelles, impuissant à réprimer chez lui le désordre et le pillage, sans volonté et sans action au dehors, ce n'est qu'un spectre d'empire, c'est à peine un moribond, c'est un cadavre galvanisé.

On a façonné Constantinople jusqu'à un certain point sur le type des capitales européennes; on lui a donné, par le moyen des entrepreneurs et ingénieurs anglais et français, un aspect, des institutions imitant ceux des villes de l'Occident. Il y règne un certain ordre, une certaine activité; on y sent la main du pouvoir. Les badauds qui affluent dans la capitale de l'empire ottoman se récrient sur le tableau sévère qu'on fait de cet empire; ils proclament sa transformation et son bon vouloir, mais pas un ne va visiter les provinces, les villes et les villages de l'intérieur; là, tout reste comme dans le passé; pas une de ces améliorations administratives ou économiques n'y pénètre; toute cette transformation, cette activité et cet ordre, tout cela est purement superficiel et ne dépasse pas le mur d'enceinte de Constantinople.

Il est donc bien évident qu'un tel empire ne peut ni ne doit subsister. Il doit être aboli aussi bien par les populations dominatrices que par les populations sujettes, car il est aussi funeste et préjudiciable aux unes qu'aux autres. Mais il y a là une question de droit relativement à la situation de la population sujette vis-à-vis de la race conquérante, et aux conditions qui ont été le résultat de la conquête. Je vais examiner cette situation et traiter par le fond du sujet même la question du maintien et de l'intégrité de l'empire ottoman.

Faisant abstraction de ce que je viens de dire sur l'état de cet empire, je me mettrai ici à un point de vue tout à fait impartial et purement juridique. On parle beaucoup du maintien, de l'intégrité de l'empire ottoman : ils ont leurs partisans obstinés et leurs détracteurs. Examinons ce qu'est cet empire ottoman : nous voyons 15 millions d'hommes soumis à l'autorité absolue d'un souverain, et en rang secondaire, à celle de quelques hauts fonctionnaires ou gouverneurs, vrais satrapes, qui tous n'usent de leur autorité absolue que pour les pressurer de toute manière, leur tirer on peut dire le sang et la graisse du corps, tant ils sont avides et insatiables. En second lieu, sur ces 15 millions d'hommes, soumis à l'autorité absolue du souverain et de ses ministres, nous en voyons un million, lesquels dominent sur les autres, possèdent des droits civils et politiques, dont ceux-ci sont dépourvus presque entièrement, et dont ils se servent pour les opprimer, les soumettre à un joug dur et humiliant, les menaçant sans cesse dans leur existence, leurs biens, leur dignité et leur liberté morale et matérielle : c'est la race conquérante, ce sont les Turcs ou plutôt les musulmans. Ainsi donc, un souverain absolu et au-dessous de lui des fonctionnaires avides et cruels, dominant sur une population de 15 millions d'hommes ; puis, une partie de cette population, environ un million, dominant sur le reste, environ 14 millions ; tel est le tableau de l'empire ottoman. Je répèterai ce que j'ai dit pour l'empire d'Autriche, et avec plus de force encore : Un tel état de choses ne peut durer ; il est contraire à toutes les lois de la plus élémentaire justice. Les peuples conquis ont le droit de se révolter,

de recouvrer leur indépendance et de s'organiser
à leur guise, et il est du devoir des autres peuples
de les favoriser et de les aider dans cette voie. Ce
droit d'insurrection se perd souvent chez les vaincus
après la conquête, il fait place au droit de fait résultant de la nouvelle organisation du pays. En effet,
toutes les populations qui occupent une contrée sont
là par le fait d'une multitude de conquêtes successives, et on ne peut prétendre que chacune ait le
droit de se soulever contre celle qui l'a conquise et
suivie, cela serait impraticable et inadmissible Il
arrive généralement que ces populations se mêlent
ensemble de manière à se fondre, ou du moins à ne
laisser subsister aucune ligne de démarcation entre
elles. Cela arrive là où le peuple conquérant s'est
assimilé au peuple conquis, soit en adoptant les
usages, les lois, la langue de celui-ci, soit en lui
donnant les siens, soit enfin en les fondant ensemble.
Le second cas a eu lieu, par exemple, dans la conquête de la Gaule par les Romains, le premier dans
la conquête du même pays par les Francs. Mais
quand le peuple conquérant, au lieu de s'unir avec

le peuple conquis, sans laisser de traces de sujétion ou de prédominance, reste une caste à part, au-dessus de la population conquise, ayant des mœurs et des lois à part, des priviléges et une supériorité générale sur cette autre partie, en un mot, ne l'admet pas aux mêmes droits et à la même vie civile et politique, les deux peuples ne sont pas confondus, la conquête n'est pas consommée, le peuple conquis conserve alors la plénitude de ses droits d'insurrection comme au premier jour de la conquête. Si même les vainqueurs, sans garder de supériorité dans le pays, sont restés un peuple à part, de sorte que les deux populations forment deux masses distinctes, chacune alors forme un tout séparé, chacune a son existence propre, sa volonté propre, entre ces deux volontés en conflit, c'est à la majorité à décider, à moins qu'on ne veuille créer, parmi les peuples pris en masse, des classes et des aristocraties comme certains en veulent admettre chez chaque peuple pris en particulier. La démocratie antique ne reconnaissait pas d'aristocratie entre les individus d'un même peuple; nous, allons plus loin, et ne reconnaissons pas d'aristocratie de peuple à peuple. Or la majorité est formée en général du peuple vaincu. Dans le cas de conflit entre diverses populations établies dans un même pays, il faut donc généralement s'arrêter à la plus ancienne population ayant constitué une nationalité bien tranchée dans le pays, et ayant conservé son existence propre et bien distincte, formant, comme je viens de le dire, majorité, et la reconnaître comme propriétaire légitime du territoire; si la population conquérante n'a pas su ou n'a pas voulu consommer la fusion entre elles deux, c'est tant pis pour elle; le droit de la majorité, en l'absence de tout droit antérieur bien établi, doit être la loi suprême, à moins de ne pouvoir jamais rien comprendre ni rien établir de fixe dans les relations réciproques entre peuples.

C'est ici le cas qui nous occupe. L'empire ottoman étant la domination d'une population sur une autre, toutes les deux soumises en deuxième lieu à une autorité individuelle absolue et tyrannique, l'empire ottoman n'est pas un état de choses légitime, et chacune des populations qui le composent doit être rendue à sa liberté naturelle, et remise en possession du plein exercice de sa souveraineté. On voit donc que, quand on discute sur l'intégrité de l'empire ottoman, on est tout-à-fait en dehors de la question. On fait une question de territoire, de limites, d'étendue, de ce qui est une question d'organisation politique et d'intitutions nationales. Il s'agit bien d'intégrité ou de non intégrité ! Si l'empire ottoman est un empire constitué sur des bases naturelles et justes, il n'y a pas de raison pour lui ôter même une parcelle de territoire ; si, au contraire, il n'est constitué que sur la force et l'oppression, on ne corrigera pas cet état de choses en lui enlevant des provinces: on lui en soustrairait une, deux, trois....., que ce qui resterait serait tout aussi contraire aux lois de la justice et de la nature; fût-il réduit à une parcelle de territoire autour de Constantinople, cette parcelle présenterait le même degré d'oppression et d'iniquité. Or, j'ai montré qu'il était dans ce dernier cas. Par conséquent, la solution indiquée par le droit et par la nature n'est pas de lui enlever une ou quelques provinces ; la solution s'attaque à son principe : l'empire ottoman doit être détruit. Il doit être transformé en un ou plusieurs Etats, où il n'y ait ni race conquérante, ni institutions différentes pour les citoyens de telle ou telle race, mais égalité la plus complète pour tous.

Je sais bien qu'on dira que l'empire ottoman doit se transformer, et que c'est ainsi qu'on entend sa conservation, et je ne discuterais pas d'ailleurs avec ceux qui voudraient le maintien du *statu quo* absolu. Mais je ferai voir que cette transformation est également impossible, et que les partisans eux-mêmes de cette prétendue intégrité de l'empire ottoman sont forcés de reconnaître implicitement la destruction nécessaire de cet empire. En effet, veut-on l'égalité civile et politique absolue dans tout l'empire, la fusion complète des divers éléments ou races, de manière à former un empire un et homogène, avec des institutions civiles et politiques identiques, une langue commune pour tous ! Mais alors, quelles seront ces institutions, quelle sera cette langue? La langue et les institutions turques? ce serait absurde et impraticable, car on ne peut logiquement forcer une population, pour ne parler que de l'Europe, de près de 14 millions d'hommes à accepter les institutions et parler la langue d'un million d'autres hommes, et on n'y réussirait pas, d'autant plus que ces institutions sont les plus mauvaises qui existent, et qu'elles comprendraient forcément la religion musu'mane, qui, chez les Ottomans, n'est pas séparable des institutions. Ce que je dis du reste des institutions ottomanes, je le dis à un moindre degré pour toutes les autres, grecques, slaves.... car toutes ces races sont trop tranchées, trop vivaces, pour qu'aucune accepte la prédominance des institutions d'une autre d'entre elles. D'ailleurs, ce ne serait plus du tout dans ce cas l'empire ottoman. Veut-on non l'égalité absolue, ou la fusion complete de tous les éléments, mais une organisation spéciale de chacun d'eux, c'est-à-dire quils aient des institutions particulières, une administration séparée, une représentation nationale distincte, sous un sceptre et un pouvoir central ottoman. Ce serait très-beau, malheureusement cela n'a qu'un défaut, c'est d'être impraticable ; d'ailleurs croit on que ces populations consentiraient à vivre ainsi en second ordre et effacées, quoique libres, elles qui sont les plus importantes et les plus distinguées en intelligence et en richesses, à être subordonnées politiquement à la race privilégiée, à ne pouvoir remplir de fonctions supérieures, ne pas avoir accès dans le pouvoir central, et d'ailleurs serait-ce juste et raisonnable? Enfin on peut mettre en avant un dernier système d'organisation, celui d'une fédération de ces peuples sous une monarchie ottomane, à peu près comme cela existe, ou plutôt devrait exister en Autriche. Mais ce ne serait qu'un empire ottoman de nom, d'autant plus que les Turcs étant disséminés parmi les diverses nationalités, par suite de la conquête qui les a portés sur ce territoire (l'empire ottoman n'ayant pas été formé comme l'empire d'Autriche par la réunion de peuples distincts), et étant en nombre inférieur dans chacune d'elles, ne pourraient pas même former eux aussi une nationalité séparée, et seraient englobés parmi toutes les autres, on pourrait bien en former un noyau un peu dense autour de Constantinople, mais ce ne serait jamais qu'un groupe très inférieur aux autres en nombre, et tous les Turcs des autres parties de l'empire seraient sacrifiés, ainsi la race dont l'empire porterait le nom serait effacée parmi les autres sans avoir d'existence nationale distincte. Ils ne tarderaient probablement pas à prendre les usages, la langue et la religion des races parmi lesquelles ils seraient englobés, et perdraient jusqu'à leur nom. C'est ce qui a eu lieu en France ; les Francs, tout en y introduisant quelques éléments propres à leur nationalité, ont fini par adopter les mœurs, les institutions, la langue et la religion de la population gallo-romaine, dans laquelle ils se sont implantés en conquérants, et l'Etat qui a pris le nom de France n'est, en réalité, qu'un Etat gallo-romano-franc, sans compter bien d'autres éléments. De même, la Turquie ne serait qu'un Etat slavo-gréco-turc. Il faut dire de plus qu'en Turquie, à cause de l'immense étendue du territoire et de la grande diversité des peuples, le pouvoir central ne pourrait être que, bien faible, bien réduit, le souverain ottoman n'aurait guère qu'une autorité nominale. Et encore, dans le cas où la dynastie viendrait à s'éteindre, faudrait-il aller chercher nécessairement le nouvel empereur parmi ces Turcs qui se seraient effacés dans les autres races, qui auraient peut-être alors complétement disparu, et, en admettant qu'on en trouve encore, ne serait-ce pas déraisonnable et injuste? On retrouve là les mêmes impossibilités et les mêmes inconséquences que dans la constitution d'un empire d'Autriche fédératif, et à un degré plus prononcé encore, et qu'on trouvera toujours toutes les fois qu'on voudra organiser une fédération de peuples formant plusieurs éléments ethnographiques dans un empire basé sur l'un de ces éléments.

Du reste, quelque solution qu'on adopte au sujet de cet empire, elle ne peut être qu'une solution provisoire, l'empire turc ne peut tarder à disparaître de lui-même, par l'extinction de l'élément dominateur. Et il arrivera bien un jour où il faudra s'occuper de son remplacement. Seulement, plus on attend et plus on laisse prendre à la Russie de force dans ces pays et d'empire sur les populations, elle prend toute celle que perd le gouvernement turc, et, au dernier râle de l'empire turc, il est bien à craindre qu'il ne soit plus temps. Les populations chrétiennes y croissent chaque jour en nombre et en richesse, au détriment des Turcs, et on peut prévoir le jour prochain où le petit nombre de ces derniers ne pourra plus contenir celles-ci. C'est ce qui serait déjà arrivé si l'empire ne tirait pas ses forces de ses provinces d'Asie.

Les deux empires que nous venons d'étudier ne sont que des États factices; ce ne sont que des gouvernements appuyés sur un infime élément dominateur, qui commandent à un amalgame de nations différentes, qui ne subsistent que par des expédients sans cesse renouvelés, dont les finances sont en ruines, le dernier ne vivant que d'impôts successifs, que des banquiers cupides et éhontés, spéculant sur sa détresse, lui souscrivent à des taux fabuleusement usuraires, et auxquels il engage comme garantie les richesses territoriales ou les trésors de l'empire, ruinant ainsi ses peuples d'avance, et nous-mêmes, étrangers, qui nous laissons séduire par de mensongers et charlatanesques prospectus, et jetons notre argent dans des affaires équivoques et des trafics peu honnêtes. Ces gouvernements lancent de temps à autre des programmes de réformes pleins de sentiments d'amour pour leurs peuples et de bonne volonté pour réaliser leur bonheur; on s'y laisse prendre à l'étranger (et comment ne s'y laisserait-on pas prendre, quand on voit tant de gens, même chez eux, se laisser séduire par les programmes et les assurances de dévouement au bien général publiés par tel souverain ou el ministre), les journaux dévoués battent la grosse caisse autour de ces programmes, et ces gouvernements continuent leur système d'oppression et de démoralisation. Quiconque a parcouru la Turquie et l'Autriche, surtout dans les pays frontières du sud, sait jusqu'à quel point est poussée la corruption et l'esprit de rapine non-seulement dans les administrations publiques, mais même dans les administrations particulières, et fait des vœux pour que cette domination démoralisée et démoralisante, bien loin de s'étendre comme elle l'ambitionne, disparaisse entièrement.

Empire de Russie. — Nous voici en présence d'un empire comprenant diverses fractions d'une même race et un mélange, en minorité, de plusieurs autres éléments, le tout réuni en un seul corps immense, sous une autorité monarchique absolue. Cette autorité s'appuie principalement sur la réunion de ces diverses fractions de la même race, la race slave, masse centrale de plus de 40 millions d'hommes, présentant une certaine homogénéité, bien que renfermant des éléments de division et offrant, au cœur même de l'empire, un fort mélange d'élément tartare; le reste doit être plutôt considéré comme des provinces dépendantes de l'empire, mais très-importantes pour lui au point de vue militaire, géographique et commercial.

Cet empire s'est formé par l'extension de la puissance des grands-ducs de Moscou, qui successivement ont subjugé toutes les autres parties actuellement soumises à leur autorité. Trois groupes différents de race slave, plus ou moins pure, se remarquaient dans ces contrées, à l'origine de la fondation de l'empire: ce sont ceux qu'on a nommés depuis : Russes blancs, au nord-ouest (Novogorod, l'Ilmen); Russes noirs ou grands Russes, partie centrale (Vladimir, Moscou), et Russes rouges ou petits Russes, Ruthènes ou Rousniaques, au sud-ouest (Kief, Ukraine).

Tous ces peuples vivaient, avant l'établissement de la monarchie, à l'état libre et moitié sauvage, excepté dans certaines parties plus civilisées, formant une quantité de tribus indépendantes les unes des autres; toute autorité leur était insupportable. La monarchie, fondée d'abord à Novogorod, s'établit à Kief, après la conquête de cette ville, puis se transporta ensuite à Vladimir, dans la Russie noire ou centrale; de sorte que ce fut cette partie qui domina sur les autres. Mais arrivèrent les Mongols, qui étouffèrent cette domination naissante, et, pendant deux siècles, tinrent la Russie centrale sous le joug le plus écrasant et le plus humiliant.

Pendant ce temps, les Lithuaniens et les Polonais étendaient leur domination sur les parties occidentales échappées à l'oppression tartare. Enfin les princes de Moscou parvinrent peu à peu à secouer le joug des khans mongols, et le grand-duché de Moscou devint le noyau autour duquel se reformèrent les nationalités russes. Novogorod, puis Kief, c'est-à-dire la Russie blanche et la Russie rouge, furent successivement réunis à la domination des grands-ducs. La seconde s'y soumit pour échapper à la domination polonaise, mais elle formait vraiment une nationalité à part, qui a conservé jusqu'à présent des sentiments d'indépendance et d'autonomie. Les conquêtes sur les Turcs étendirent l'empire russe jusqu'à la mer Noire. Cependant, jusqu'ici, cet empire était formé par la réunion de parties ayant des liens communs non-seulement de race, mais de langue, de religion, de coexistence antérieure. Le partage de la Pologne, la conquête de la Finlande, au commencement de ce siècle, y ajoutèrent d'autres éléments; la découverte et la soumission de la Sibérie l'avaient du coup porté jusqu'à l'Océan Asiatique dès le xvi° siècle, mais sans accroître beaucoup sa puissance matérielle; enfin les conquêtes récentes dans le Caucase et la Tartarie l'introduisirent dans l'Asie centrale et méridionale ; et qui sait jusqu'où il ira de ce côté ? En résumé, cet empire est la réunion de peuples slaves différents, de populations finnoises et de peuplades caucasiques; les premiers forment une masse principale et le fond de l'empire. On voit donc que cet empire, bien que n'étant pas homogène, est assis sur une base nationale qui manque à l'empire d'Autriche.

Cet empire colossal, qui s'étend de la mer Baltique à la mer Noire et à la mer Caspienne, renferme donc des éléments de dissolution. Les Ruthènes ou Russes méridionaux se souviennent, avons-nous dit, qu'ils ont eu des institutions relativement libres et qu'ils ont formé un peuple à part, et seraient tout disposés à reconquérir leur autonomie. Les Finlandais supportent avec peine la domination russe, qui n'a pour eux que des résultats funestes. Les peuples guerriers du Caucase sont à peine soumis. Quant aux Polonais, on connaît leurs sentiments.

L'ambition de cet empire, qui, depuis Pierre le Grand, était de dominer sur les deux mers Baltique et Noire, est maintenant à peu près assouvie; mais il manque quelque chose encore à la satisfaction complète de l'ambition russe. Ce n'est pas une portion seulement de cette mer qu'elle voudrait posséder, c'est cette mer tout entière. Constantinople est le point de mire de ses désirs. Outre son importance topographique et sa position admirable, cette ville, capitale naturelle de peuples appartenant à la même religion, débris du grand empire byzantin, et dont le czar se regarde comme le chef naturel depuis leur asservissement par les Turcs, semble à celui-ci devoir lui revenir de droit; il se croit appelé à recueillir la succession de cet empire écroulé, comme les empereurs d'Allemagne s'étaient cru appelés à recueillir la succession des empereurs romains, à devenir le grand potentat oriental. Enfin, comme des masses slaves s'étendent plus loin, à l'occident, jusque sur l'Adriatique, et qu'il se croit le chef naturel de tous les Slaves, comme de tous les chrétiens orthodoxes, ayant pour mission de les réunir dans une immense unité, qui n'est autre que le panslavisme, son ambition brigue aussi les provinces et les rivages de l'Adriatique, de manière à réunir les races composant l'orthodoxie orientale en un formidable empire grecoslave ; cet empire immense tiendrait en sa possession les trois mers Caspienne, Noire et Adriatique, asseyant sur la triple base de ces trois mers sa puissance centrale formidable, et ayant sur elles pour point d'appui Constantinople ; ce serait un immense triangle, le cœur en serait situé au centre de l'ancienne Russie, mais son centre d'action, intimement lié à ce cœur, son point d'appui et de ravitaillement serait placé au milieu de la base, à Constantinople.

Tel est le rêve russe, à la réalisation duquel il travaille sans relâche, tantôt ouvertement et par la force, tantôt à couvert par la ruse et l'intrigue. J'ai montré cette puissance, après plusieurs échecs répétés, s'étant érigée en protecteur de l'empire turc et en médiateur entre lui et ses peuples chrétiens. Cette politique date de lontemps ; elle remonte à Pierre le Grand, le premier des grands ambitieux russes. Après qu'il eut échoué dans son malheureux essai de domination dans les provinces danubiennes, et qu'il s'en fut tiré en s'estimant bien heureux de sauver sa couronne et sa liberté, son allié et son conseiller Cantimir, prince de Valachie, lui dicta la conduite à suivre ultérieurement contre l'empire turc pour arriver plus facilement à la réalisation de ses projets. Il lui révéla que cet empire n'était qu'un amalgame de nations, toutes supportant impatiemment le joug qu'il faisait peser sur elles, qu'elles n'attendaient que l'occasion pour le briser, et qu'elles accepteraient avec empressement la main qui se tendrait vers eux. Que, du reste, le Divan était soumis à des influences diverses, qu'il y avait dans son sein des hommes faciles à corrompre et à gagner, qu'il fallait s'attacher ces hommes. Qu'ainsi, ayant un appui dans les conseils de l'empire, des intelligences intimes chez les peuples chrétiens, paraissant successivement vis à vis de chaque partie comme médiateur désintéressé et ne voulant que le respect de son droit et de son intérêt, et l'animant secrètement contre la partie opposée, s'attachant par là à envenimer l'esprit d'hostilité et d'animosité entre les deux parties et à rendre toute conciliation impossible, profitant soi-même de chaque conflit pour prendre pied plus avant chez l'une et chez l'autre, il arriverait à les réduire mutuellement à l'impuissance et à rendre son influence de plus en plus prépondérante et inviolable En somme, tenir la force en réserve pour employer l'intrigue et la corruption contre cet empire déjà vermoulu et formé d'éléments ennemis. Cela ressemblait assez aux conseils d'Alcibiade à Artapherne, sauf qu'il s'agissait ici d'oppresseurs et d'opprimés. Le tzar se le tint pour dit, et appliqua, pour débuter, les conseils de son allié, en sauvant sa propre personne des mains du vizir. qui le tenait en son pouvoir, par des présents et des paroles flatteuses. Depuis, le gouvernement russe a toujours eu des appuis et des protecteurs dans le sein du gouvernement turc.

L'impératrice Catherine II reprit la guerre de

conquête, et profita de la faiblesse de la Turquie et des discordes de l'Europe pour lui porter des coups énergiques et désastreux. Ses successeurs continuèrent à suivre cette politique d'agression jusqu'à l'empereur Nicolas. Celui-ci avait débuté par la même conduite et croyait l'empire turc assez désorganisé pour en avoir raison; mais, éclairé et désabusé par les échecs reçus et le demi-succès de ses armes en 1829, voyant les autres grandes puissances s'émouvoir et songer à se porter protectrices de la Turquie, il rentra dans la politique d'intrigues et prit une attitude même plus hypocrite encore que ses prédécesseurs. Il se montra, en 1840, le zélé défenseur du Sultan contre les prétentions et les attaques de son vassal le pacha d'Egypte et les tendances sympathiques de la France en faveur de celui-ci, et ce fut lui qui arrêta ce dernier dans sa marche victorieuse et fit conclure le traité de 1840, qui stipulait le maintien et l'intégrité de l'empire turc. Ce traité est le plus frappant exemple de la politique astucieuse du gouvernement russe. C'est qu'en effet il aurait été très-affligé de voir une domination plus vigoureuse prendre la place de la domination agonisante de l'empire turc, et d'ailleurs l'appui qu'il lui donnait était un moyen infaillible d'exercer la haute main dans ses affaires. Le Sultan devenait son protégé, son client. Mais cette conduite n'est qu'une feinte et une tactique habile qui n'exclut pas la tactique opposée, qu'il reprend, quand il croit le moment favorable pour agir; c'est ce qu'a montré la tentative avortée de 1853. A cette époque, il croyait le moment venu d'affirmer plus énergiquement ses prétentions, et d'empiéter d'une manière plus décisive sur les droits légaux de la Turquie; il réclama le protectorat religieux de tous les peuples chrétiens de cet empire; c'était le détruire pour se mettre à sa place. Ses calculs furent encore faux cette fois, et son audace prématurée : il fut contraint de céder, et la politique d'expectative et d'amitié fut reprise.

Mais le fruit de la tentative ne fut pas entièrement perdu. Le gouvernement russe avait étudié les causes de sa défaite et les parties faibles de son organisation ; il mit à profit cette leçon ; il résolut de s'occuper activement et exclusivement, pendant une longue période de temps, de s'organiser, de perfectionner et de développer, en même temps que ses forces militaires, ses richesses intérieures, ses moyens d'action et de résistance; il s'appliqua surtout à l'établissement de voies de communication, de chemins de fer, dont l'absence avait été une des causes principales de son insuccès. Actuellement, des voies ferrées nombreuses et bien combinées relient le cœur de son empire à ses côtes méridionales et peuvent en quelques jours tranporter de grandes masses d'hommes d'une extrémité de ses États à l'autre; la navigation de ses fleuves est perfectionnée, des bateaux sont construits sur leurs rives, prêts à embarquer des corps de troupes et des munitions; à leur embouchure dans la mer Noire, de nouvelles et redoutables forteresses remplacent celle qu'il a été forcé d'abandonner, des arsenaux importants y sont établis; sur les frontières occidentales, d'autres forteresses et défenses de tout genre y sont échelonnées; maintenant il est prêt à tout événement, et il n'attend plus, probablement, que l'instant propice.

Cet instant propice est-il arrivé, à son sentiment? L'heure de l'action a-t-elle sonné? Je crois qu'elle n'est pas éloignée, mais jusque-là il a été et sera le plus ardent défenseur de la Turquie; il ne veut pas que la dissolution de cet empire s'opère sans sa coopération et son initiative, et serait le premier à empêcher une atteinte grave à cette intégrité, même de la part de ces peuples qu'il est censé protéger et soutenir dans leurs revendications. Il en a donné les plus nombreux et les plus frappants exemples depuis le commencement de ce siècle. C'est lui qui a empêché l'affranchissement total de la Grèce, et s'est même opposé, tant qu'il a pu, à la constitution d'un Etat unique et entièrement indépendant dans ce pays; il a mis postérieurement toutes les entraves possibles à son organisation et à son développement. Ainsi a-t-il encore agi vis-à-vis de la Serbie; il est non-seulement resté sourd à son appel, mais s'est même montré hostile, et, cette nationalité une fois contituée, il en arrête l'essor de tout son pouvoir en y fomentant la discorde. Plus cynique encore et plus révoltante est sa conduite à l'égard des Principautés de Valachie et de Moldavie. Après avoir pendant un siècle protégé la domination turque dans ces provinces et les petits tyrans qu'elle leur imposait, avoir fait pacte avec elle pour empêcher, par une action commune et solidaire, l'émancipation de ces peuples, opposant l'autorité du sultan et les articles de la capitulation, quand ils montraient une velléité d'indépendance et de résistance à son action despotique, objectant au contraire les droits de ces peuples et ceux de son protectorat quand le sultan voulait affirmer trop nettement sa suprématie sur eux, intervenant ainsi constamment en faveur d'une partie ou de l'autre, et toujours à son profit, il a affirmé cyniquement sa politique coërcitive en envoyant ses soldats, en 1848, étouffer le mouvement national et démocratique de ces provinces, et, en 1866, en protestant contre la réunion des deux principautés. Enfin, tout récemment, il y a trois ans, il a puissamment contribué à faire tomber le ministère roumain (1), qui avait adopté une

---

(1) Le ministère dont Jean Bratiano etait le chef.

politique entièrement indépendante et nationale.

La Russie sera l'ennemi le plus sérieux de l'affranchissement et de la constitution en nationalités des populations orientales, mais il vaut mieux l'avoir pour adversaire en ayant toutes ces populations pour alliées, qu'en les ayant en face de soi réunies à elle en ennemies.

La Turquie n'est pas la seule menacée par l'ambition moscovite. L'Autriche est aussi en butte à ses agressions. Ces deux puissances jouent réciproquement, comme je l'ai expliqué en parlant de l'Autriche, une partie d'astuce et d'hypocrisie, s'accusant et se dénonçant mutuellement, et pourtant toujours liées par de grands intérêts communs, qui ne permettront qu'au moment suprême à cette escarmouche d'intrigues, de dégénérer en lutte ouverte,

Pour être convaincu de la vérité de tout ce que je viens de dire touchant les idées et les projets russes, il suffirait de lire les articles publiés là-dessus par certains journaux de ce pays, qui exposent ouvertement ces idées et ces projets.

Politique française. — Jusqu'ici nous avons considéré des *empires* mus par une politique à peu près constante, traditionnelle, au moins pendant de longues périodes de temps, et d'ailleurs directement intéressés dans la question. Maintenant nous allons trouver devant nous une *nation* où il n'y a pas par conséquent de politique fixe et de tradition immuable, surtout depuis qu'elle n'est plus entre les mains d'une famille héréditaire. Mais cette nation ne s'est appartenue qu'à de rares et courts intervalles ; hormis ces cas exceptionnels, son sentiment est représenté plus ou moins exactement par son gouvernement. Chacun des gouvernements qui se sont succédés tour à tour dans la conduite de ses affaires, gouvernement national, bourbonien, orléaniste et impérial, ont eu une politique différente. Néanmoins, en dépit des modifications de vues et d'intérêts nationaux, apportées par la politique particulière de chacun de ces gouvernements, il y a dans la politique française un principe général, qu'on peut y reconnaître. Ainsi la France est depuis plusieurs siècles la rivale et l'antagoniste de l'empire d'Autriche, elles étaient encore, au siècle dernier, les deux grandes puissances continentales de l'Europe. Quant à la Turquie, avant 1821, il n'était guère question des populations chrétiennes de cet empire, elles étaient censées annihilées par l'élément turc, la France fut dès l'origine et continua d'être l'alliée de la Turquie contre les puissances autrichienne et russe. Puis arrivèrent les événements du commencement du siècle, l'insurrection de 1821, l'invasion des idées démocratiques et des principes de fraternité internationale ; enfin les insolences de la Turquie forcèrent même le gouvernement réactionnaire qui régissait alors la France à prendre, dans une certaine mesure, le parti des opprimés, et à appuyer les tentatives d'affranchissement et de régénération qui se produisaient alors dans cet empire. Depuis, elle a continué ce rôle de protectrice tiède des populations chrétiennes et des éléments réformateurs, mais elle s'est déclarée officiellement garante de l'intégrité de l'empire ottoman. Enfin, dans ces dernières années, elle s'est montrée tout à fait partiale pour la domination turque et le maintien du *statu quo*, et hostile aux tentatives d'affranchissement des populations soumises.

Quelles sont les raisons et les inspirations de cette politique? Je vais essayer de les mettre à nu.

Notre diplomatie ne veut pas la chute de l'empire ottoman et la reconstitution des nationalités qui le composent, entre autres motifs, parce qu'elle craint de voir la Russie et l'Angleterre bénéficier de cette transformation, et cette crainte est fondée. Elle sait très-bien que ce zèle montré par ces deux puissances, l'une pour les populations chrétiennes de l'empire, l'autre pour l'empire lui-même, n'est qu'un zèle hypocrite, comme je l'ai montré pour la première et comme je le montrerai tout à l'heure pour la seconde, qu'au fond elles ne veulent qu'arranger les choses de façon à en tirer le meilleur profit pour elles. Que cet empire venant à s'écrouler, tandis que la première se précipitera pour recueillir ses dépouilles, la seconde, voyant l'état de choses qu'elle défendait s'abimer, ne songera plus qu'à tirer profit de la catastrophe. Ou elle interviendra avec la force dans ces pays, cherchant à prendre sa part, ou bien elle continuera auprès des nouveaux États la politique hypocrite de bon vouloir et de protection qu'elle a suivie jusqu'à présent à l'égard de l'empire turc, cherchant pareillement à s'en faire des vassaux. Vous la verrez s'empresser gracieusement auprès des nouveaux États, leur faire les yeux doux et protester de sa sollicitude pour eux, comme si elle les avait de tout temps protégés et secourus. Ne voit-on pas ces peuples, maintenant même qu'elle les rudoie en appuyant la Turquie contre toutes leurs revendications, ou du moins quelques-uns de leurs hommes politiques, mus je ne sais par quelles inspirations, s'adresser quelquefois à elle, comme à une source de protection. Je conçois très-bien que la France appréhende les intrigues de ces deux cours parmi les populations de l'Orient, elles méritent en effet qu'on y prenne garde.

Il semblerait dès lors que le gouvernement français, connaissant si bien les menées russes et anglaises en Orient, dût continuer de faire preuve de perspicacité et de prudence en agissant aussi auprès de ces populations naturellement si bien disposées pour la France, et travailler à les attirer à lui, en leur témoignant ses sympathies et leur faisant entrevoir son appui, de manière à anéantir l'effet des séductions russes ou anglaises, et à déjouer leurs calculs. Eh bien! non, le gouvernement français, sachant les embarras et les complications funestes à la France qui éclateront à la chute de l'empire turc, sachant aussi que cette chute est inévitable et *imminente*, le gouvernement français, dis-je, ne fait rien et se contente de retarder cette chute et l'explosion de ces complications le plus longtemps possible! Pourquoi cet aveuglement?

Une des principales raisons qui déterminent le gouvernement français à ne pas appuyer les peuples d'Orient dans leur émancipation, c'est le désir de ménager les autres puissances qui sont hostiles à cette émancipation, et principalement l'Autriche et la Russie. En effet, sans parler de la Turquie, qu'on ne compte guère, la France, en agissant dans l'intérêt des peuples d'Orient, se heurterait nécessairement à l'Autriche et à la Russie, toutes deux aussi radicalement opposées l'une que l'autre à la constitution de nationalités du Danube, slave et roumaine, comme je l'ai montré plus haut, et, par conséquence naturelle, de celle de la Grèce. Or, le gouvernement français a besoin de l'Autriche, et un peu aussi de la Russie dans sa politique continentale (j'appelle spécialement sa politique continentale, sa politique à l'égard de l'Allemagne personnifiée par la Prusse); j'ai montré plus haut que ses idées et son ambition sont tournées principalement du côté du nord-est, sur les contrées rhéno-maritimes, et qu'à cette politique il sacrifie ses intérêts méditerranéens et orientaux (1).

Enfin, et voici le côté le plus triste et le plus funeste des sources de la politique déplorable que nous suivons dans ces pays, il faut surtout compter l'immobilité, la paresse, l'égoïsme et l'intérêt particulier des hommes entre les mains de qui nos intérêts sont confiés. Généralement, la diplomatie est faite bien plus pour les diplomates que pour

---

(1) Je rappelle encore une fois que ceci etait écrit en mars 1870.

servir les intérêts de la nation. Habits brodés, repas et réceptions, voilà la grande affaire. Les diplomates sont faits pour se faire une existence dorée aux dépens des nations. On est diplomate avant d'être Français ou autre. C'est une espèce de *camorra* internationale. A quoi bon penser aux peuples, surtout aux peuples opprimés, quand on appartient à une réunion d'ambassadeurs et de ministres qui ont fortune, honneurs, existence large et brillante? Ces petits peuples sont-ils faits pour autre chose que de baiser le bas de leur manteaux, et venir prendre leurs ordres? Aussi c'est une ligue contre eux de tous ces grands gentlemens, plus ou moins barons, plus ou moins comtes, contre tous les peuples sacrifiés qui voudraient changer un état de choses qui est si bien à leur convenance. L'indolence, l'inertie entre pour une part négative aussi considérable que l'esprit de parade. Notre diplomatie, on peut bien le dire sans l'offenser, n'a jamais fait preuve de beaucoup de zèle ni de génie. Or, ces questions ne laissent pas d'être ardues et délicates. Il faut avoir pour les résoudre, outre des connaissances approfondies du sujet, un plan bien étudié et bien mûri, et travailler résolument à son exécution. Le *statu quo* est bien plus commode, d'autant plus qu'il faudrait pour cela se mettre mal avec les diplomates autrichiens, russes et turcs, et que tous ces diplomates sont des gens charmants, de belles manières, très-grands amphytrions, quoiqu'ils savent merveilleusement bien, tout en environnant si bien les nôtres de leurs grâces et de leurs séductions, se moquer d'eux et les jouer. Croirait-on, j'en rougis pour ma patrie, que nos intérêts et notre politique en Orient ont tenu un moment à des intrigues de boudoir?...

Enfin, il faut dire que le gouvernement français actuel étant un gouvernement conservateur, voulant garder au dehors la bonne entente avec les gouvernements ses collègues, avec les rois et les empereurs ses frères, et au dedans se défendre contre les idées révolutionnaires, ne pourrait encourager ces idées là-bas, d'autant que ces peuples sont, comme j'ai déjà dit, foncièrement démocratiques et républicains, ce serait fournir des armes contre lui-même et créer un point d'appui à la démocratie. Je ne pense pas qu'il puisse songer, dans le cas d'une intervention en leur faveur, à envoyer là-bas un Maximilien, les rois et princes qu'on a jusqu'ici mis dans les petits États récemment constitués n'ont déjà pas trouvé un accueil si sympathique. Si ces peuples les ont acceptés ou même cherchés, c'est qu'ils ne pouvaient faire autrement, menacés qu'ils sont par les puissances despotiques qui les entourent.

Toutes les considérations que je viens d'exposer ont plutôt trait à l'empire de Turquie, mais elles s'appliquent tout pareillement à l'empire d'Autriche, sauf quelques modifications.

Voilà ce qu'est la politique française dans la question d'Orient. Quant à ce qu'elle devrait être, je l'ai exposé plus haut, je n'y reviendrai pas.

Politique anglaise. — Je termine par l'Angleterre cette esquisse de toutes les puissances directement engagées ou seulement intéressées dans la question orientale. Cette puissance, elle aussi, a une politique nationale, si on peut lui donner ce nom, mais une politique nationale aristocratique, mots qui ne sont guère bien accouplés. Pour celle-là, elle veut nettement et franchement le maintien et l'intégrité de l'empire ottoman. Pour elle, cet empire est un vaste marché, où elle trouve l'écoulement des produits de ses manufactures; n'ayant qu'une industrie tout à fait élémentaire, il offre une source de profits incalculables à un État qui a su s'imposer à lui comme fournisseur. On comprend donc l'immense avantage qu'elle trouve à cet état de choses actuel. Aussi, suivant sa coutume ordinaire, elle a fini par supplanter sur ce marché les anciens producteurs, et tend chaque jour à les écarter. Un auteur anglais, qui a fait un ouvrage sur les ressources de la Turquie, dit carrément sans périphrase que la Turquie est faite pour servir de débouché aux produits de l'Angleterre, que ses populations ne doivent pas s'occuper d'industrie, mais accepter celle-ci comme leur pourvoyeur naturel, et recevoir d'elle, en sujettes soumises, ses étoffes, sa quincaillerie, ses instruments, tandis qu'elle-même y viendra chercher les matières premières et les productions du sol ; en un mot, ce pays ne doit être qu'une colonie anglaise. Aussi ce même auteur défend-il avec acharnement la domination ottomane, et voici les belles raisons qu'il en donne. Le peuple turc est le mieux organisé pour l'état social, le plus remarquable par son esprit politique, il avait les meilleures et les plus simples lois et institutions ; ces lois et ces institutions, inscrites dans tous les cœurs et dans le sang même de la nation, n'avaient pas besoin d'être fixés dans une constitution ; malheureusement, il le reconnaît, ce système de lois et d'institutions n'a qu'un défaut, c'est qu'il n'existe plus ; ces lois sont si simples, on a si peu reconnu la nécessité d'une constitution, que le gouvernement ne paraît pas même soupçonner leur existence, et a pris pour unique loi sa volonté, et qu'elles ont fait place à la plus effroyable tyrannie, à l'arbitraire le plus désordonné, qui a engendré la ruine et l'avilissement de la nation. Vous croyez en lisant cela qu'il va abandonner ses idées de domination ottomane et de politique conservatrice en Turquie, pas du tout ; il conclut en la proclamant le suprême idéal de l'organisation politique de ces pays, et en faisant un superbe tableau d'un système où les populations chrétiennes vivraient séparément et heureusement sous la suzeraineté de la population musulmane, le tout sous la haute et majestueuse autorité du sultan, président suprême de cet amalgame étrange C'est à croire qu'on rêve.

On comprend l'immense avantage que trouve l'Angleterre à cet état de choses. C'est pourquoi, aussi longtemps que l'empire ottoman pourra être maintenu, elle le maintiendra. Cependant, elle connaît les vices de cet empire, et doit certainement prévoir sa chute fatale. Alors, ne croyez pas qu'elle se déconcerte et soit prise au dépourvu. Elle se retournera du côté du nouvel état de choses avec autant d'ardeur et d'intolérance qu'elle s'était tournée vers l'ancien, comme je l'ai exposé plus haut; et si on ne veut pas l'accepter comme amie, c'est-à dire, comme protectrice, elle se présentera comme maîtresse et s'imposera dans ce rôle,

VIII

DÉTAILS SUR LES POPULATIONS

Détails sur les peuples mentionnés. — Leur situation présente au milieu des diverses influences qui agissent sur eux; leurs sentiments et leur conduite à l'égard de ces influences; leur histoire; leur caractère; leurs aspirations.

Je viens de donner un aperçu rapide de l'état intime et de la politique des empires qui renferment les populations orientales et des puissances qui sont intéressées dans la question. Je vais maintenant donner quelques détails succincts sur les principales de ces populations ou nationalités, qui doivent former les é'éments de l'organisation future. J'exposerai leur situation présente au milieu des diverses influences qui agissent sur elles, leurs sentiments et leur conduite à l'égard de ces influences, leur histoire, leur caractère, leurs aspirations.

Les influences qui agissent sur ces peuples sont de deux sortes : l'oppression actuelle qui les tyrannise, et les dangers dont les menacent l'ambition et les convoitises des autres puissances voisines. Leurs tendances et leur conduite au sein de ces influences dépendent de tous les éléments qui concourent à leur groupement naturel, c'est-à-dire de leur race, de leur position géographique, du genre de l'oppression qui pèse actuellement sur elles. Ces éléments étant à peu près d'une égale importance dans cette question, on ne peut adopter, dans cette exposition, de classification bien tranchée entre ces peuples. Je les énumérerai suivant l'ordre géographique déjà adopté des nationalités.

Polonais. — Les Polonais forment trois fractions enclavées dans les deux empires autrichien et russe et dans le royaume de Prusse. Ce peuple a été si indignement partagé entre ces puissances, si maltraité par elles, la compassion et la sympathie universelle sont si vivement excitées en leur faveur, que, en dehors de leur asservissement présent, aucun danger ne les menace ; aucun de leurs trois oppresseurs ne songerait à tenter de s'approprier une des fractions en possession des deux autres ; mais ils font, au contraire, cause commune entre eux trois pour conserver leur portion respective. D'ailleurs ce fait, tout particulier à ce peuple, d'être tyrannisé par ces trois puissances à la fois, ne peut que nourrir chez lui une horreur égale et indistincte pour ses trois tyrans. Il ne reste donc chez eux que leur haine, dont l'intensité est assez connue, pour leurs oppresseurs actuels. Leur caractère chevaleresque, vif et sympatique est apprécié de tous ; ce que l'on connaît moins, c'est leurs tendances démocratiques naturelles, parce que, malheureusement, un parti aristocratique, intrigant et beaucoup plus en évidence chez nous, parce qu'il est exclusivement accueilli et appuyé dans les sphères gouvernementales, aristocratiques et cléricales, exploite dans son intérêt propre la détresse et la ruine nationale, et masque les vrais sentiments et les tendances naturelles du peuple polonais. Il faut ajouter que notre pays a été inondé d'une foule d'hommes sans conscience et sans vergogne, venus de ce pays à la suite de ses désastres, tourbe inséparable de toutes les émigrations, qui, avec les hommes honorables et victimes de leur patriotisme, amènent toujours la lie de la population, et que cette foule d'intrigants ou d'escrocs n'a pas peu contribué à jeter la défaveur sur ce peuple, en faisant attribuer à la masse ce qui n'est que la honte d'un petit nombre. Pareille chose s'est produite à l'égard des Italiens, après les émigrations qui ont eu lieu à la suite des révolutions et des luttes de leur pays. Du reste, nous ferons un tableau général du caractère et des tendances des Slaves. Les aspirations des Polonais, personne n'en doute, tendent à réunir leurs tronçons séparés pour reconstruire leur nationalité, qui est demeurée vivace en leur cœur.

Tchèques. — Les Tchèques ou Bohêmes sont presque en totalité sous la domination autrichienne.

Ils ont à se garantir des deux grands dangers de l'envahissement germanique et de l'envahissement russe. Ils ont une horreur bien décidée pour chacun, mais plus accentuée encore pour l'envahissement germanique ou prussien, toutes les persécutions dont ils ont été victimes leur étant venues de l'élément allemand, qui appartient d'ailleurs à une autre race que la leur. Ils sont ballottés entre ces deux dangers et leur asservissement actuel d'une manière tout exceptionnelle, et, par conséquent, se trouvent dans la position la plus délicate de tous les peuples dont nous nous occupons ici, étant placés d'une manière centrale entre ces ambitions et ce despotisme, et directement exposés à chacun. Ils abhorrent le despotisme russe presque autant que la servitude autrichienne, mais repoussent avec plus d'énergie encore l'envahissement germanique ou prussien.

En 1526, l'archiduc d'Autriche Ferdinand obtint les couronnes de Bohême et de Hongrie, couronnes distinctes et dont les deux États s'étaient réservé la libre disposition à l'extinction de cette maison. Mais bientôt les droits que les Bohêmes s'étaient réservés furent violés. Écrasés, sous le règne de l'empereur Mathias, par Ferdinand d'Autriche, à qui avait été transmise la couronne de Bohême, à la bataille de la Montagne-Blanche, et ayant vu leur nationalité détruite, ils restèrent plusieurs siècles comme anéantis et ne conservant plus de cette nationalité qu'un souvenir et un regret cher, mais vain et impuissant. La cour d'Autriche inaugura, après ce triomphe, une ère de massacres et de persécutions, qui n'ont pas été dépassés par les plus sanguinaires tyrans, et qui uniront éternellement, dans l'histoire, le nom de Ferdinand II avec ceux de Nicolas et d'Alexandre II. Ce fut une vraie tentative de destruction de la nationalité bohême. Ainsi les Tchèques, séparés de la cour d'Autriche par un fleuve de sang, doivent-ils être aussi irréconciliables avec elle que les Polonais le sont avec la cour de Russie; que le sont, en France, les démocrates avec le gouvernement qui s'est élevé sur le 2 décembre (1).

(1) Écrit en mars 1870.

Ce peuple ne nourrissait plus d'espoir de résurrection, quand, au commencement de ce siècle, on commença à étudier en Bohême les origines et les antiquités de la nation. Dès lors, un immense mouvement national se produisit ; la langue bohême fut remise en honneur et en pratique ; un théâtre, des institutions littéraires furent fondés ; depuis, ce mouvement alla toujours en progressant. Prague devint l'Athènes du monde slave : une pléiade d'hommes remarquables l'illustrèrent, l'historien des antiquités slaves, Schaffarik, les historiens et orateurs Palacky, Rieger..... C'est de Prague vraiment que partit le signal de la renaissance parmi les Slaves d'Autriche ; et c'est là que la vie littéraire et politique reprit essor, et, de cette ville, se propagea à Agram, Laybach..... Prague est le centre naturel du mouvement national tchèque et la capitale de l'État futur qu'il tend à former, et qui comprendrait tous les groupes, Moraves, Silésiens....., de l'ancienne nationalité tchèque.

Slovènes. — Les Slovènes sont le seul peuple slave

au sud qui soit compris dans la Cisleithanie autrichienne. Ce peuple, fixé dans ces contrées, comme j'ai déjà dit, de temps immémorial, paraît appartenir à la famille slave wende. Moins exposés peut-être que les autres à l'influence russe ou à la menace prussienne, ils tendent, comme leurs frères du nord, à résister à l'absorption des Allemands d'Autriche. Il y a aussi quelques contestations entre eux et les Italiens de l'Istrie et de la côte sur des questions de prédominance de race, qui, en cas de reconstitution de l'empire en nationalités naturelles, se transformeraient en question de limites, vu que ce pays est occupé simultanément par ces deux populations. Comme les autres Slaves, les Slovènes aspirent à former un État séparé, demande qu'ils ont déjà formulée. Le centre principal littéraire et politique des Slovènes est Laybach ou Lubbiana, qui rivalise avec Agram, capitale de la Croatie. Il est du reste à croire que dans le cas d'une future organisation, ils se réuniraient aux Croates, leurs frères et voisins.

Croates. — Avec les Croates, nous trouvons la domination hongroise. L'horreur que leur inspire c tte domination est aussi forte que celle qu'inspire aux Slaves de la Cisleithanie, Polonais, Tchèques et Slovènes, la domination allemande. Ils l'ont bien montré en 1849, quand il ont pris les armes contre les Hongrois, et écrasé l'insurrection. Leurs rancunes contre ceux-ci sont le résultat de plusieurs siècles de servitude. Quant à leur attitude vis-à-vis de la Russie, ce serait certainement ceux des Slaves qui seraient le moins susceptibles d'en subir les influences, avec les Slovènes, car il n'y a pas chez eux la similitude de religion, pour donner à celle-ci motif de protection La renaissance des Croates date de la même époque que celle des Tchèques. Ils suivirent le mouvement qu'avaient imprimé ceux-ci à toute la race slave. Agram fut au midi ce que Prague était au nord, le centre du mouvement national littéraire, non-seulement des Croates, mais de tous les peuples slaves du Danube. De même que Prague était en face de Vienne le centre et la citadelle de a vie nationale des Slaves du nord, de même Agram fut en face de Pesth ce centre et cette citadelle pour les Slaves du sud. Comme à Prague, des journaux, des institutions littéraires furent fondées, Ludevit Gaï fut le principal promoteur et personnage de cette résurrection. Débris de l'ancienne nationalité croate ou royaume de Croatie, les Croates aspirent à reformer cette nationalité, qui comprendrait la Croatie proprement dite, la Slavonie et une partie de la Dalmatie, et dont Agram serait la capitale, laquelle se réunirait ou du moins serait fortement liée à la nationalité serbe sa voisine, avec qui elle forme ce qu'on nomme le groupe des Jougo-Slaves.

Serbes. — Les Serbes comprennent les Serbes proprement dits, les Bosniens, les habitants de l'Herzégovine et du Montenegro, et d'une partie de la Dalmatie. Les Serbes proprement dits se divisent en trois parts. La plus grande partie est autonome, mais tributaire des Turcs, dont elle s'est affranchie au commencement du siècle actuel ; la seconde est restée sous le joug turc, elle habite principalement la Rascie, et est comprise dans la

Bosnie et la Bulgarie turque; la troisième partie dépend de la Hongrie, c'est ce qu'on appelle la Voïévodie ou le Banat serbe. Les Serbes de la Voïévodie ou du Banat sont naturellement dans les mêmes dispositions que les Croates vis-à-vis de cette domination odieuse; tous les Slaves du sud se sont liés fraternellement et se sont unis dans le programme de leurs revendications et dans les moyens de la réaliser. Eux aussi se sont ralliés autour d'Agram, mais ils ont aussi chez eux un centre littéraire et politique pour la nationalité serbe dans la ville de Neusatz ou Novisad, qui joue chez eux le même rôle qu'Agram parmi les Croates. Les Serbes de Hongrie tendent à se réunir à leurs frères les Serbes autonomes de Turquie. A cela tendent également les Bosniens, les habitants de l'Herzégovine et les Monténégrins, Serbes eux aussi, sans parler des autres Serbes proprement dits encore sous le joug turc, et tous ensemble, leur réunion effectuée, formeraient un grand et important État, après s'être affranchis des derniers liens de vasselage envers la Turquie.

J'ai suffisamment expliqué de quelle manière l'influence de la Russie se faisait sentir chez ces peuples, j'ai fait voir qu'elle s'exerçait avec plus de succès sur les Monténégrins et Bosniens, moins avancés que leurs frères, et directement soumis au joug turc (les Monténégrins cependant sont par le fait indépendants). Il existe en Bosnie une aristocratie musulmane, descendant des anciens nobles du pays, qui ont embrassé l'islamisme lors de la conquête pour conserver leurs propriétés et leurs priviléges mais cette aristocratie n'est rien moins que bien disposée pour la domination turque. Depuis que la réforme turque a aboli les grands fiefs militaires dans ces pays et a entrepris de soumettre les grands feudataires qui ne voulaient pas accepter les lois nouvelles, cette aristocratie ne trouvant pas d'appui dans le gouvernement turc, avec qui elle vit sur un pied d'hostilité, sera probablement forcée de se rallier à la population chrétienne, en abdiquant ses priviléges.

Toutes ces provinces, Serbie, Bosnie, Herzégovine, Montenegro et partie de la Dalmatie, sont des parties démembrées de l'ancienne nation serbe ou du royaume de Serbie qui, sous le tzar Étienne Douschan, dans le xiv⁰ siècle, menaça de remplacer l'empire byzantin, la mort seule de ce prince probablement l'empêcha de réaliser ce rêve. En 1810, Les Serbes s'insurgèrent contre le sultan, sous la conduite du fameux Kara Georges, et après bien des péripéties et plusieurs années de luttes héroïques et d'efforts renouvelés, ils parvinrent à s'affranchir et à se faire reconnaitre par la Turquie, comme indépendants administrativement; ils demeurèrent seulement astreints à payer un tribut en signe de vasselage et à avoir dans Belgrade une garnison turque. Ce petit État est le germe d'un grand État serbe futur: Belgrade en est la capitale et le centre de la nationalité serbe. On doit conseiller aux Serbes de se méfier des tendances autoritaires et bureaucratiques de leur gouvernement, de se garder des ambitieux, des hommes qui, comme dans tous les nouveaux États, ne voient dans la constitution et la liberté nationale de leur pays que le moyen d'occuper de hauts rangs et de dominer leurs concitoyens. Ils en ont fait la triste épreuve depuis leur affranchissement, et sont loin encore d'être débarrassés de ce fléau. Ils doivent s'appliquer à revendiquer pour la nation entière la liberté et la vie publique, en un mot, à *se républicaniser*. En attendant, je conseille aux étrangers de ne pas oublier de se munir de leur passeport s'ils veulent visiter ce pays dans l'état actuel : la police et la gendarmerie y fleurissent comme aux beaux jours de l'empire autrichien, avant 1866 (1).

Les Serbes paraissent être originaires des Carpathes, et avoir occupé primitivement la Gallicie. Ils sont en effet tout semblables aux petits Russes ou Ruthènes pour la langue, le physique, le caractère. Aussi ils sont naturellement portés vers ce peuple, le plus jaloux d'indépendance de tous ceux de l'empire de Russie, et la formation d'un grand et

(1) Peut-être ces mesures rigoureuses sont-elles dirigées contre les malfaiteurs des frontières, et je dois avouer que j'eus occasion, lors de mon séjour à Belgrade, de me louer de la vigilance de la police serbe, en même temps que de l'honnêteté de l'hôtelier chez qui j'avais logé.

important état indépendant de nationalité serbe serait assurément le plus funeste coup porté à cet empire.

Je joindrai à cet aperçu élémentaire de chacun des groupes slaves un tableau général du caractère et du passé de la race slave en général.

La race slave est une race à esprit éminemment républicain et fédératif. C'est peut-être cet esprit fédératif poussé jusqu'à l'excès, jusqu'à l'autonomie des plus petits groupes, ces tendances trop patriarcales, qui l'ont perdue et l'ont rendue presque partout sujette d'autres peuples ou de despotes autocrates. On se tromperait grossièrement en étudiant son génie et son histoire dans l'empire russe, constitué tel qu'il est actuellement, c'est là l'écueil où tombent tous ceux qui sont peu instruits des antiquités de cette race; on peut dire que l'empire russe est le fléau et le destructeur moral des peuples qui la composent dans l'esprit des étrangers qui les connaissent peu. Les Slaves de Russie donnent pourtant, au même degré que leurs frères d'Autriche ou de Turquie, le frappant exemple de populations attachées à leur indépendance, subjuguées violemment par de cruels et barbares oppresseurs. Ces peuples, qui composent actuellement l'empire de Russie, vivaient autrefois sous des institutions républicaines fédératives, et formaient des nationalités réunies par un lien commun, le despotisme étouffa ces institutions, en détruisit jusqu'aux vestiges, il étendit son joug uniforme et abrutissant sur tous ces pays, absolument comme le despotisme perse s'abattit brutal sur l'Asie.

Ce despotisme, cette autocratie, qui siége à Pétersbourg, et qui se donne effrontément comme le protecteur et le libérateur des peuples slaves, c'est leur plus grand ennemi, c'est lui qui a mis obstacle à leur développement, à leur affranchissement; les Slaves doivent, au nom de la liberté, se lever contre lui, comme ils se lèvent contre les Turcs ou contre le despotisme autrichien. La Russie a joué vis-à-vis des Slaves le rôle inverse que joue l'Autriche vis-à-vis de cette même Russie. Chose singulière! l'Autriche, nous l'avons dit, se donne pour mission, et elle est en possession de

ce rôle dans l'esprit de quelques-uns, de défendre
les peuples auxquels elle commande et l'Europe
occidentale contre la Russie, et elle est au fond,
sans le vouloir, le grand appui et l'agent le plus efficace de cette autocratique Russie ; la Russie se
donne pour mission la défense et l'affranchissement
des Slaves et veut être regardée par tous ces peuples
comme leur protecteur naturel, et c'est elle qui met
le plus grand obstacle à cet affranchissement et à
leur émancipation, non-seulement en entravant le
succès de leur cause auprès des autres peuples
d'Europe, par la crainte qu'inspire son ambition,
mais en empêchant elle-même et contrariant de
tous ses efforts la formation d'une nationalité indépendante et puissante parmi eux, de peur de les voir
échapper à son influence. Et on voudrait que ces
Slaves, qui savent tout cela, qui la voient martyriser
la Pologne, après lui avoir confisqué sa nationalité
et ses libertés, tyranniser ses propres peuples, intriguer dans tous les petits États slaves ou autres
qui ont pu s'affranchir quelque peu, et mettre des
entraves à leur progrès et à leur développement,

on voudrait que ces Slaves n'aient rien de plus à cœur que de se livrer à elle. Non, tout cela n'est pas sérieux. Le panslavisme, tel que certains hommes le comprennent et le redoutent, le panslavisme national n'est qu'un mot, et il n'existe que dans l'esprit de ces hommes. Le seul, le vrai panslavisme, c'est celui rêvé par l'autocratie russe. Les vœux des peuples slaves, c'est la distinction des nationalités, liées par la fédération. La question est claire, précise. La panslavisme, c'est le czarisme russe. L'établissement des nationalités slaves, distinctes, unies par le lien fédéral, voilà le vœu des populations. Jusqu'à présent on a aveuglément et follement servi et appuyé le panslavisme russe, en méprisant et irritant les vœux des peuples; se décidera-t-on à appuyer les peuples pour résister au panslavisme menaçant?

Les Slaves, il est vrai, dans certains moments de désespoir, témoignent des sentiments expansifs vers la Russie ; certains proverbes, par exemple celui-ci : « Mieux vaut le knout russe que la liberté allemande », certaines paroles, certains actes sembleraient marquer ces tendances. Mais cela n'est que la suite de ce que nous disions, que la politique suivie envers ces peuples est le plus ferme appui et le plus puissant agent des influences russes parmi eux. Poussés à bout, désespérés et voyant le flot germanique montant et menaçant de les engloutir, ils s'effrayent moins, par un sentiment naturel et irrésistible chez l'homme, du danger futur, quand bien même il serait plus redoutable, que de la misère présente et du danger plus imminent; c'est mus par un sentiment pareil que les Roumains disent : « coûte que coûte, mieux vaut le despotisme autrichien que la liberté hongroise. » Ils font comme nous, par exemple, en France, qui nous allions avec des partis radicalement opposés pour résister en commun à la même oppression; enfin leurs actes et leurs paroles ne sont que des mouvements de dépit, dont on trouve encore constamment l'exemple dans l'union de ces différents partis politiques qui affectent souvent de fraterniser entre eux. C'est, en un mot, une espèce de manége qu'on ne peut mieux qualifier que par l'expression de *coquetterie*, car il exprime mieux que tout autre les vrais sentiments des peuples slaves à l'égard de la puissance russe; au fond, ils la redoutent et ne s'y livreraient que dans un péril extrême et aux dernières limites du désespoir. Un autre proverbe usité chez les Slaves du Danube forme la contre-partie de celui que nous avons cité et montre leurs vrais sentiments à ce sujet : « Le joug turc est de bois, le joug russe est de fer. » Le panslavisme, en tant qu'inspiration nationale, a été inventé par les Allemands, par ceux-là mêmes qui le signalent à l'Europe et la mettent en garde contre lui au nom du pahgermanisme. Comme l'Allemagne nous sépare des pays slaves, que d'ailleurs sa langue nous sert d'intermédiaire entre la nôtre et les langues slaves, comme elle-même nous sert d'intermédiaire géographique entre nos contrées et ces contrées là, nous avons accepté d'elle sans contrôle ce fantôme du panslavisme. et négligé le vrai panslavisme russe. Pour se convaincre des vrais sentiments des Slaves, on n'a qu'à passer en revue les vœux et les actes du congrès slave de Prague de 1848.

Continuons maintenant notre revue des diverses populations.

Bulgares. — Les Bu'gares paraissent être d'origine tartare, mais en contact, dès leur arrivée dans ces pays, avec les Slaves leurs voisins, ils en ont adopté la langue, et sont à peu près slavisés. Leur situation entre la Turquie et la Russie est à peu près la même que celle des autres Slaves ; cependant ce sont peut-être ceux d'entre les raïas qui souffrent le plus de l'oppression turque. Mais les espérances qu'ils auraient pu concevoir de la part de la Russie ont été modifiées et calmées par les maux que celle-ci leur a fait souffrir, quand, soi-disant au nom de leurs intérêts et de ceux de tous les chrétiens de Turquie, elle a pris les armes contre cette dernière ; la Bulgarie, comme la Roumanie, est directement exposée aux invasions russes, quand il s'agit d'une guerre contre la Turquie ; elle est le théâtre principal des opérations et le champ de bataille des deux armées, puisqu'elle contient les Balkans, qui sont le rempart de la Turquie contre l'invasion russe ; cette province a non moins souffert du passage des armées russes en 1829, qu'elle ne souffre habituellement de la part des Turcs.

Il se produit actuellement en Bulgarie un mouvement national très-prononcé, et qu'on doit étudier autant en Roumanie qu'en Bulgarie même. Nous avons vu que les Bulgares étaient appelés à former un état indépendant intermédiaire entre les Roumains et les Grecs.

Grecs. — S'il est un peuple qui mérite d'exciter l'intérêt et la sympathie, et qui ait été systématiquement et à l'envi calomnié et accusé, ce sont les Grecs ; il est digne d'exciter l'intérêt et la sympathie par son passé, par la conservation de sa nationalité à travers les siècles et les oppressions de toute sorte et de toute provenance, par ses luttes incessantes pour la reconstituer indépendante, et l'héroïsme de ses derniers efforts, qui ont été couronnés de succès ; enfin, par son patriotisme, son ardeur d'instruction et de progrès, son ambition de reprendre, parmi les nations de l'Europe, le rang qu'il a occupé dans l'antiquité. Il n'est pas, d'autre part, de peuple sur qui les diatribes et la hâblerie d'une certaine catégorie de la presse française se soient plus exercées ; il n'en est pas sur qui l'esprit dominateur, la présomption et l'arrogance de l'Europe occidentale se soit plus détestablement fait sentir, qui ait été plus que lui la victime et le jouet des grandes puissances de cette même Europe occidentale. Après avoir été forcées, bien que tardivement, par les nécessités de la paix européenne, qui menaçait d'être troublée, et par divers motifs de politique et d'intérêt, à aider au triomphe définitif de son indépendance, ces puissances se sont arrogées, au nom de cette assistance prêtée sans générosité, le droit de constituer et de délimiter cette nation à leur guise, et de la tenir constamment en tutelle comme leur vassale. Après lui avoir imposé une forme constitutionnelle monarchique modelée sur les leurs, sans consulter l'esprit de ce peuple et ses tendances républicaines, un roi et un gouvernement qui commencèrent à gaspiller et à engloutir, en dépenses stériles, la plus grande partie des sommes qu'on lui versa à titre d'emprunt, et dont on ne cesse de lui rappeler la créance, elles se réservèrent le droit d'intervenir à tout propos dans ses affaires, comme puissances garantes, et de ne rien laisser faire dans ce pays sans leur approbation, et elles y intriguent et y commandent chacune de leur côté, comme si elles y étaient respectivement maîtresses. Et on s'étonne, après cela, que les affaires y aillent si mal, que le pays ne se développe pas, qu'une organisation politique stable ne puisse s'y établir! Et pourtant, malgré toutes les entraves et toutes les regrettables agitations et discordes qui empêchent le développement rapide du pays, on doit encore s'étonner de tout ce qui a été fait : cet État, qui compte à peine quarante ans d'existence, a déjà des villes populeuses, des établissements publics en grand nombre, des institutions d'éducation et d'instruction de tout genre, etc...

Un des plus grands fléaux de la Grèce, c'est le brigandage, causé principalement par l'absence de frontières bien tracées, et par la contiguïté d'une puissance non-seulement désorganisée, mais encore hostile ou au moins peu bienveillante, la Turquie ; ce qui fait que les brigands qui, le plus souvent, viennent du territoire turc, s'enfuient et repassent sur ce territoire avec la plus grande facilité, et se mettent là à l'abri des poursuites. Il est même connu que leurs bandes sont quelquefois soudoyées par cette puissance pour les opposer aux populations, souvent remuantes, de son empire. Mais on ne veut pas voir cet état de choses vicieux, et on impute le brigandage au caractère natif des Grecs ; on confond volontairement les brigands qui ont pour métier de rançonner ou d'assassiner les voyageurs avec les Klephtes, qui combattaient pour leur indépendance. On impute encore à ce pauvre peuple une foule de défauts et de mauvaises actions, sans tenir compte, en admettant fondée une légère partie de ces accusations exagérées, de la démoralisation que ne peuvent moins faire de répandre sur un peuple tant de siècles d'esclavage, dont quatre de l'esclavage le plus dur et le plus abrutissant.

Il est de mode, depuis un certain nombre d'années, de dénigrer et de railler ce peuple, en lui opposant les vertus et l'honnêteté des Turcs. Je le répète, la verve d'une certaine presse française, de ce qu'on pourrait appeler la presse figariste (1), pour désigner la détestable école dont elle ressort, de cette presse sans convictions et sans principes, ainsi que de la presse dont le métier est d'exalter et de défendre toujours les forts et les maîtres contre les faibles et les petits, de la presse autoritaire et gouvernementale en général, s'est exercée sur ce pays, et beaucoup se sont laissés prendre à ces calomnies et à ces invectives. Leur injustice et leur absurdité est pourtant manifeste. Que dirait-on de gens qui, considérant un enfant qu'on aurait enfermé dans une cage, et que plusieurs hommes seraient journellement occupés à tirailler en tous sens et à rouer de coups, s'étonneraient de ne pas le voir grandir et se développer, et le traiteraient de créature sans fonds et sans énergie ? C'est pour-

---

(1) Le mot est actuellement passé dans le langage, pour désigner cette presse ignoble.

tant le cas de la Grèce et des autres peuples qui se trouvent dans les mêmes conditions.

Albanais. — Je dirai peu de chose des Albanais, peuple peu connu, qui n'a pas joué de rôle en Europe, si ce n'est à l'époque du fameux Scanderbeg, un de leurs chefs, mais qui pourrait en jouer un considérable par le caractère de ses habitants et sa position géographique sur l'Adriatique. Ce peuple dépend de la Turquie, mais sa domination y est fort précaire ; les Albanais forment trois catégories : les Albanais musulmans, orthodoxes grecs et catholiques, qui se réuniraient sans doute en une seule nationalité, s'ils se trouvaient dans les conditions favorables. La Russie y exerce peu ou point d'influence. Ce peuple, brave à l'excès, rude et sauvage, est un de ceux qui ont résisté avec le plus d'acharnement à la Turquie, dont il ne relève guère que nominalement. Les Serbes et les Grecs cherchent également à se l'attacher ; il est probable qu'il est destiné à former un peuple indépendant, servant d'intermédiaire entre ces deux nationalités. Les

Albanais paraissent descendre des anciens Pélasges, c'est-à-dire des mêmes ancêtres que la masse du peuple grec, ce serait des Grecs encore à l'état barbare.

Roumains. — Les Roumains sont distribués dans les trois empires et subdivisions d'empires que nous avons considérés. Une partie, et c'est la plus considérable, habitant les anciennes principautés de Valachie et de Moldavie, forme un État autonome, appelé Roumanie, sous la suzeraineté du sultan; une autre, la plus importante après celle-ci, habitant la Transylvanie et le Banat de Temeswar, ainsi que quelques autres cantons, dépend de la Hongrie; une troisième, habitant la Bucovine, de l'Autriche cisleithane; enfin, une quatrième, qui occupe la Bessarabie, est comprise dans l'empire russe.

L'ennemi invétéré et détesté des Roumains, c'est la Hongrie, qui a, jusqu'à présent, tenu les populations roumaines comprises sous sa domination, dans la sujétion la plus avilissante et le joug le plus dur, et veut détruire chez elle cette nationalité. Les Roumains de Transylvanie et du Banat sont peut-être, de tous les peuples soumis à la domination hongroise, ceux qui ont la haine la plus invétérée contre cette domination. En effet, jusqu'en 1848, ils n'ont joui d'aucuns droits politiques. Eux, les anciens maîtres du pays, qui forment les deux tiers de la population, seuls parmi les Hongrois conquérants, parmi les Allemands colons, parmi les Sicules ou Seklers, débris des anciennes hordes envahissantes, ils étaient déchus, déshérités. La Transylvanie formait pourtant alors une principauté séparée de l'empire d'Autriche, mais, en 1848, les Hongrois, sous le prétexte d'unifier la nationalité madgyare, voulurent la réunir à la Hongrie, contre les vœux de ces populations ; par suite de leur résistance, ils la couvrirent de gibets et l'ensanglantèrent par les supplices; les Transylvains se levèrent, et une guerre acharnée en fut la suite ; eux et les Croates arrêtèrent les succès de l'insurrection hongroise. Ainsi, les persécutions et le sang versé étant tout récents, les Roumains de

Transylvanie doivent être encore plus irréconciliables vis-à-vis de la Hongrie que vis-à-vis de l'Autriche. Dans la dernière transformation de l'empire autrichien, on a détruit les derniers vestiges de l'indépendance de cette contrée; sa Diète a été supprimée, ses député votent à Pesth avec les députés hongrois, et ce n'est plus qu'une province du royaume de Hongrie.

Les Roumains de Transylvanie sont le plus frappant exemple de la violence et du mépris des conquérants pour les peuples vaincus. Ils étaient placés, eux, les anciens possesseurs du pays, non-seulement sous la domination des Hongrois, mais encore sous celle des Allemands qui habitent ce pays, qu'on appelle les Saxons, et sous celle des Sicules, chacune de ces trois nationalités ayant sa vie politique propre et autonome; seuls, les Roumains, les anciens maîtres du territoire, étaient privés de tous droits politiques, et étaient la plupart tenus pour serfs. La Transylvanie était dans l'empire d'Autriche le plus frappant modèle du système de domination fractionnaire et hiérarchique que présente cet empire. Je recommande à ce sujet la lecture d'une excellente brochure de M. Papiu Ilarianu, Roumain de Transylvanie, et qui peint avec force et netteté la déplorable condition faite aux Roumains de ce pays par les autres peuples qui l'habitent, spécialement par les Hongrois, et la violation flagrante, non-seulement de toute justice envers eux, mais même de tous les droits historiques et diplomatiques. Les Roumains de la Bucovine compris dans la Cisleithanie, et dont le pays a été effrontément escamoté par l'Autriche au siècle dernier sous prétexte d'assurer ses frontières, sont dans les mêmes dispositions envers elle que les autres peuples de la Cisleitanie.

La Russie n'a que peu d'influence sur ces contrées. Là, plus que partout ailleurs, elle a manifesté son opposition à la constitution des nationalités chrétiennes de la Turquie : pendant un siècle, elle s'est alliée à celle-ci pour faire subir à ce malheureux pays tous les maux, toutes les calamités, le tenant placé ainsi entre l'enclume et le marteau.

Les Roumains de tous pays aspirent à se réunir

en un seul corps de nation dont le noyau est la principauté actuelle de Roumanie, et à reconstituer l'ancienne Dacie romaine, qui comprenait tous ces pays aujourd'hui démembrés. Ce peuple a le caractère vif et démocratique, porté au républicanisme; la vie communale est très-développée chez eux, ils ont une tendance naturelle à s'occuper eux-mêmes de leurs affaires. On trouve dans tous les centres de province une vie politique qu'on ne s'attendrait pas à y voir, et là comme en Grèce chacun raisonnera avec vous sur les affaires du pays, chacun s'en occupe.

Ce pays est livré également, comme la Grèce, à l'action désorganisatrice des puissances qui en font un champ de bataille diplomatique, et ne permettant pas à la nation de suivre ses penchants et ses vœux, empêchent d'y organiser rien de stable. Et on lui reproche le désordre, l'instabilité de ses institutions politiques et de sa machine gouvernementale! Comment veut-on qu'il en soit autrement chez ce peuple, sans aucune indépendance, exposé, s'il suit son penchant naturel, à voir les armées russe, turque, autrichienne ou hongroise faire invasion chez lui (1). Dernièrement, après s'être donné une constitution à peu près républicaine et avoir choisi un ministère national, il croyait marcher vers un avenir plus prospère. Les intrigues russes et prussiennes ont fait tomber le ministère Bratiano, que les puissances jugeaient trop indépendant et trop patriote, et le pays est retombé de nouveau sous la pression monarchique et sous les influences étrangères. En attendant, ce pays continue à être calomnié par ses ennemis, toutes les dépêches, toutes les correspondances, fabriquées à Vienne ou à Pesth, sous les yeux du gouvernement autrichien ou hongrois, par des hommes hostiles à ce pays, nous trompent et nous empêchent d'avoir aucune appréciation exacte de ce qu'on y veut et de ce qu'on y fait. Une des calomnies les plus répétées et les plus ridicules, est

(1) Au moment de livrer mon travail à l'impression, je vois dans es journaux des nouvelles de ce pays, informant que la Turquie concentre un corps d'observation sur ses frontières, et que la Russie va agir pareillement de son côté. Note de 1870.)

celle qu'on dirige contre les Roumains à propos des juifs, en représentant les soi-disant persécutions qu'on leur fait subir comme l'œuvre du *fanatisme religieux contre les israélites*, ce qui ferait regarder ces populations comme les émules de celles du moyen âge, tandis qu'ils ne sont que trop souvent fondés à réclamer l'accomplissement des lois contres les vagabonds de cette race qui, de Pologne, font invasion par centaines de mille dans leurs pays, qui l'infectent et y portent la corruption et le désordre, refusant de se soumettre à ses lois, et se faisant les agents de la Russie et de l'Autriche. Comme en Pologne, les juifs s'y font les usuriers et les entremetteurs des vices des grands. Quand on veut remédier à ces abus intolérables, ils poussent des clameurs retentissantes, excitent l'indignation de l'Europe contre les *massacres* et les *tortures* qu'on leur inflige, et ces plaintes, accueillies et transmises complaisamment par leurs compatriotes de Vienne, dont la presse est en grande partie composée, vont égarer l'opinion publique et la soulever contre ces peuples *barbares*.

L'histoire de ce pays, à partir de l'ère chrétienne, n'est que l'histoire des invasions successives de tous les peuples barbares, puis celle de ses luttes héroïques contre les Musulmans, après leur apparition en Europe, au bout de laquelle lutte, épuisé, il dut se soumettre, et se reconnut tributaire du Sultan S'il est un pays destiné à servir de champ de bataille, par sa situation géographique et par la configuration du sol, entre tous les peuples ou empires qui occupent les vastes contrées environnantes, et qui ait été disputé et le soit encore entre eux, c'est celui-ci ; aussi après avoir été le grand chemin des irruptions barbares, a-t il été le théâtre de luttes continuelles jusqu'à ce jour entre les Allemands, les Hongrois, les Polonais, les Serbes, les Turcs, les Tartares, les Russes, et est-il le terrain désigné où doit se dénouer la rivalité entre les empires d'Autriche, de Russie et de Turquie, c'est le champ de bataille où est appelée à se vider la grande querelle qui divise ces trois empires. Tandis que le dernier, dont il relève encore, ne cédera naturellement ce qu'il appelle ses droits que par la force, chacun des deux premiers le convoitent et espèrent qu'il leur échoira.

Hongrois. — Je termine par les Hongrois cette revue ; mais, je le répète, les Hongrois ne comptent plus parmi les peuples opprimés, au point de vue de la nationalité, j'entends. Les Hongrois, comme je l'ai déjà montré, seraient appelés à former, s'ils le voulaient, comme un lien central entre tous les peuples dont nous avons parlé, par ce fait qu'ils occupent le centre de la vallée du Danube, et qu'autour d'eux sont disposés tous les autres, et leur caractère brave et ouvert au progrès y prêterait, mais il faudrait pour cela qu'au lieu de vouloir dominer les autres peuples, et en tenir une partie sous une sujétion consacrée par de prétendus droits de conquête, ils cessassent de porter atteinte à leur indépendance, et vécussent avec eux sur un pied complet d'égalité et de fraternité. C'est ce qu'ils n'ont pas compris encore ; c'est ce qui les a perdus en 1849, et c'est ce qui les perdra peut-être encore dans l'avenir, comme les mêmes prétentions ont perdu l'Autriche.

On connaît la longue et dure oppression des Hongrois par l'Autriche, leurs luttes et leurs malheurs, et chacun sait comment, en 1849, ils surgèrent une dernière fois en masse, réclamant leur indépendance nationale ; mais au lieu *** fidèles à leurs principes d'autonomie et du *** nationalités, en les appliquant vis-à-vis des *** à l'égard desquels ils se trouvaient exactement *** comme la cour d'Autriche à leur égard, *** de s'assurer leur concours, en leur accordant ce qu'ils avaient, eux, réclamé pour eux-mêmes, en respectant ce qu'ils voulaient faire respecter chez eux, ils voulurent au contraire faire peser plus durement encore sur eux ce joug contre lequel ils se révoltaient, et étouffer complétement leurs nationalités. Alors ces peuples se soulevèrent contre eux, et non par sympathie pour l'Autriche, contre qui ils se seraient alliés avec les Hongrois, si ceux-ci se fussent montrés plus équitables, mais par colère contre ces derniers, et pour échapper à une destruction complète, ils firent cause commune avec elle contre l'insurrection hongroise, et furent certainement les auteurs de sa perte.

Les Hongrois ont deux faits à se reprocher dans leur histoire nationale intérieure. C'est d'abord leur faiblesse lorsqu'ils se laissèrent prendre aux larmes de Marie-Thérèse, et que, séduits par les beaux yeux d'une femme, ils abdiquèrent entre les mains de leur ennemie leurs souvenirs et leurs aspirations nationaux. Celle-ci les en récompensa en étendant sur la Hongrie le joug écrasant du centralisme le plus absorbant. Mais ceci fut dépassé en 1866, lorsqu'on les vit acclamer frénétiquement comme leur roi le souverain d'Autriche, encore tout sanglant des supplices de leurs plus vaillants et plus nobles citoyens, ce souverain qui avait fait élever les gibets pour les patriotes hongrois sur cette place même où on l'acclamait, et que décore actuellement, chose incroyable, la statue du général autrichien qui vint à bout de se rendre maître de leur capitale. Le parti qui a amené cette réconciliation et cet enthousiasme, et qui domine actuellement en Hongrie, a pour principal représentant M. Deak. Kossuth, il est vrai, est hongrois exclusif et a refusé leurs droits naturels à toutes les nationalités, mais au moins il ne transige pas sur les droits et la dignité de son pays. Il les veut dans toute leur intégrité, et ne baise pas la main du bourreau de sa patrie. Il est irréconciliable. Il faut espérer que bientôt on verra se lever en Hongrie la masse populaire, les paysans, à qui la parole n'a pas encore été passée, et qui apporteront leurs voix démocratiques au milieu de cette société aristocratique et hautaine, de cette noblesse qui cherche maintenant son type et son point d'appui parmi la noblesse anglaise, avec qui elle a déjà tant de rapports. Ce peuple de paysans, qui, il n'y a que vingt ans, étaient tenus comme serfs par la noblesse hongroise, imprimera sûrement un autre esprit à la politique de cette nation, car le peuple, opprimé lui-même, ne sympathise jamais avec les oppresseurs.

Résumé. — Tels sont ces petits peuples si peu

connus et surtout si mal connus, si méprisés, si calomniés, qu'il est de mode de bafouer, qu'une presse intéressée ou vendue ridiculise et poursuit de ses attaques et de ses mépris. C'est qu'ils sont petits, c'est qu'ils sont faibles. Les grands, les forts, les empires, les États à diplomatie ont des amis, des partisans, parce qu'ils sont riches, parce qu'ils paient, parce qu'ils traitent bien, on a quelque chose à retirer de leur amitié, mais ceux-là n'ont que leur patriotisme, leur héroïsme et leur bon droit. Aussi ne trouvent-ils pas d'avocats, de protecteurs, si ce n'est quelques hommes clair-semés plus consciencieux et connaissant mieux le véritable état des choses dans ces pays Cette presse, qui les injurie et les bafoue, c'est la même presse qui injurie et bafoue tous les opprimés, en exaltant les oppresseurs, c'est la même presse qui injuriait et bafouait l'Italie, tyrannisée par l'Autriche et sa séquelle de princes, c'est la même qui injuriera et bafouera éternellement les petites nations, les peuples esclaves dont l'honneur et la générosité seules, et non l'intérêt, provoquent à prendre la défense. Et malheureusement elle entraîne parfois des hommes consciencieux et droits, des publiscites comptant dans les rangs de le démocratie.

On reproche à ces peuples de s'agiter, de n'être jamais contents ni tranquilles, de troubler la paix européenne. On devrait pourtant voir que leurs vœux ne sont que justes, et leurs efforts légitimes; on devrait se mettre à leur place, avant de les juger, et se demander alors s'ils ont tort, s'ils sont coupables de chercher à s'affranchir d'une domination odieuse et tyrannique, du joug d'oppresseurs cruels qui les ont martyrisés pendant des siècles, pour recouvrer à la fois et leur nationalité et leur liberté! Si les Serbes, les Roumains et les Grecs doivent désirer le maintien du joug turc ou hongrois sur eux ou sur leurs frères? Si les Grecs doivent voir avec satisfaction les Osmanlis occuper leurs plus belles contrées? Si les Polonais et les Tchèques doivent appeler de leurs vœux le maintien de la domination russe ou autrichienne, qui ne tend à rien moins qu'à les détruire, eux, leur langue, leurs traditions, leurs coutumes? On comprendrait que, même avec des libertés municipales, ces peuples ne peuvent être satisfaits, et, comme ils le disent, le Français à qui on proposerait d'aller vivre en Angleterre, dût-il jouir de beaucoup plus de libertés intérieures que dans son pays, n'abandonnera pas la France, et préférera encore vivre dans sa patrie de la vie nationale, quoique moins libre.

Nous devrions apprendre à connaître nos alliés et à ne pas les traiter en ennemis. On ne songe pas ci que ces peuples forment notre barrière naturelle et unique contre les deux grands dangers d'envahissement, le panslavisme et le pangermanisme, et si l'un de ces deux dangers nous menace sérieusement, on pensera à eux alors, qui seront destinés à périr avec nous, et qui auraient pu vivre en nous sauvant la vie (1). La France en particulier ne sait pas qu'elle a là-bas des amis naturels, des alliés tout portés vers

---

(1) Écrit en mars 1870. La première partie du pronostic s'est accomplie, et, malgré nos désastres, l'indifférence la plus complète continue d'avoir lieu chez nous à l'égard de ces peuples amis.

elle, qui lui tendent les bras en déplorant l'abandon où elle les laisse et qu'ils ne comprennent pas. Dans quelque partie de ces pays qu'on voyage, en entend invoquer la France, on entend ces mots : « La France ne pense donc pas à nous; elle ne sait donc pas que nous sommes ses amis, les amis de ses idées, de ses principes; elle ne veut donc pas faire triompher ici la cause qu'elle défend, les maximes qu'elle a répandues dans le monde; elle préfère voir triompher l'Autriche, la Russie, la Turquie et leurs institutions autoritaires, et ne se doute pas du sort funeste qu'elle se ménage ainsi. Si ce n'est par sympathie pour nous, que ce soit au moins pour son intérêt, pour l'intérêt de la civilisation. »

Donc, les principes, l'intérêt, les facilités qui nous sont offertes, la pente naturelle des choses que nous ne ferions que seconder, tout cela finira-t-il par nous convaincre, par nous déterminer? En somme, nous avons sous les yeux une réunion de peuples, tous vivaces, vigoureux, ardents, à l'esprit vif et prompt, aux idées démocratiques, républicines, se rattachant tous à des noyaux importants déjà constitués, ayant une civilisation assez avancée, des établissements et des institutions littéraires et scientifiques, une vie politique accentuée et bien dirigée. Tous ces États ne peuvent subsister avec les grands empires à qui ils disputent leurs frères, à moins d'être en agitation et en insurrection perpétuelle, ou, ce qui est pis, de disparaître sans retour. Il faut donc choisir, et ce sont ces États qu'on voudrait détruire pour conserver ces empires décrépits, vermoulus, corrompus! Ces peuples se groupent tout naturellement et sans secousses autour de ces États déjà formés, comme je l'ai indiqué. Il y aura seulement quelques points litigieux, quelques questions de limites un peu délicates à régler, mais que l'esprit de conciliation parviendra facilement à écarter, si on travaille à établir l'union et la concorde parmi ces peuples, en leur prêtant notre concours. Ces limites incertaines et contestées à déterminer, c'est spécialement entre les États futurs de Croatie-Serbie ou Jougo-Slavie, entre l'Albanie et la Grèce, entre la Serbie et la Roumanie, entre la Bulgarie et la Grèce, enfin entre les Polonais et les Ruthènes.

Une considération fort remarquable et peu connue, c'est la prédominance de la question de nationalité sur la question et l'influence de religion. Je pourrais en citer de nombreux et frappants exemples. La plupart des peuples comptent plusieurs églises chez eux et des sectateurs de plusieurs cultes, et, pourtant, on les voit toujours se grouper par affinité de nationalités et non de religions. L'intolérance et le fanatisme religieux sont inconnus chez eux, malgré l'opinion contraire généralement adoptée.

IX

ÉTAT PRÉSENT DE LA QUESTION DANS LA DIPLOMATIE OCCIDENTALE

État présent de la question dans la diplomatie occidentale. — Système de préservation et de garantie adopté par elle. — Son inanité complète. — Imminence du danger pour la France.

Après avoir exposé le plan que l'étude des pays d'Orient et l'observation des principes de justice internationale m'ont suggéré comme le plus rationnel, je vais examiner maintenant en quel état se trouve présentement la question, pour la grande masse du public et pour la diplomatie, et quelles sont les idées et la ligne de conduite adoptées à son sujet par cette dernière. Je veux montrer leur inanité et leur folie, en me plaçant, bien entendu, non au point de vue du droit des peuples, qui sont, dans ce système politique, effrontément méprisés et foulés aux pieds, mais au point de vue de leur efficacité à amener une solution et de la sauvegarde des intérêts européens.

On n'a pas encore osé mettre en question l'existence de l'empire d'Autriche, et les embarras et les périls, auxquels il commence à être en butte, n'ont pas éveillé encore, au moins officiellement, l'attention des puissances occidentales, ni provoqué leur intervention, bien qu'un écrivain, déjà cité par moi et qui certes n'est pas hostile à l'Autriche, ait pu dire avec raison : « Les deux autres systèmes, c'est-à-dire la centralisation plus ou moins libérale, et le dualisme, s'ils ne conduisaient pas l'empire à une crise, donneraient une telle influence à la Russie sur ces populations, que l'Autriche deviendrait une seconde Turquie à protéger comme l'autre. » Mais, pour ce qui est de l'empire ottoman, il y a de ce côté un tel danger, qu'on est intervenu là pour veiller à ce qui s'y passe, et qu'on a placé cet empire sous un *conseil de tutelle*, qui a la haute main dans ses affaires, règle ses actes et tient son sort en son pouvoir. Ce danger vient de la Russie, c'est celui que j'ai exposé plus haut avec détails; il est, en effet, bien propre à alarmer. La Russie pèse sur Constantinople et l'empire turc, comme une masse rocheuse qui serait placée sur une base d'argile. L'écrasement s'opère lentement, de temps à autre des craquements se font entendre, signes précurseurs, infaillibles, de la catastrophe, et, tout d'un coup, la base s'effondrera et se disséminera en poussière.

Pour prévenir ce danger, les puissances occidentales, la France, l'Angleterre et l'Autriche, ont proclamé l'inviolabilité de l'empire turc, c'est-à-dire qu'elles se sont portées garantes de son intégrité... indéfinie et de son indépendance. Tel est le beau remède et la belle garantie qu'on a trouvés. Pour garantir l'intégrité de cet empire, il faudrait que son existence fût possible. Or, chacun sait ce qui se passe dans son sein. Sans parler de ses vices de constitution, de sa décrépitude financière et militaire, sur lesquels je ne reviendrai pas et il est inutile d'ailleurs de s'appesantir, les populations chrétiennes de cet empire croissent chaque jour en nombre, en richesses, en puissance, et les musulmans décroissent. On peut même calculer dans combien d'années ces derniers seront totalement remplacés en Europe par les raïas. Il est donc inévitable que ces raïas, autrefois si misérables, succèdent aux musulmans dans la souveraineté de ces contrées. On entend porter contre ces populations chrétiennes de l'empire turc, contre les Grecs spécialement, les accusations les plus injustes et les plus partiales, le plus souvent par des gens qui ne les connaissent nullement, mais qui répètent les calomnies et les injures qu'il est actuellement de mode d'émettre contre eux, tandis qu'on porte aux nues les Turcs et tout ce qui s'y rattache. Eh bien, soit, je veux bien admettre ces allégations, reconnaître ces calomnies pour des vérités, empêcherez-vous que les Grecs et les autres chrétiens ne remplacent les Turcs dans un temps donné? Il est démontré qu'ils forment le seul élément vivace, puissant, doué d'avenir, de l'empire, destiné fatalement à absorber l'élément conquérant, on sera donc forcé, en dépit de toutes les récriminations et de toutes les préventions, de leur abandonner ces pays un jour ou l'autre, à moins qu'on n'aime mieux les livrer à la Russie (1).

Personne actuellement ne peut croire à la durée et à la possibilité de l'existence de l'empire turc. Aucune des puissances garantes n'y croit certainement. Et non-seulement elles n'y croient pas, mais encore elles ne le veulent pas... Secrètement, dans leur pensée intime, elles ne désirent pas le maintien de cet empire, mais elles pensent à en recueil-

---

(1) Qu'on lise, au sujet de l'etat précaire de l'empire ottoman, le tableau de cet empire présenté par le maréchal Marmont en 1837 (*Voyage du duc de Raguse en Hongrie, Turquie*, etc., t II, fin du 1ᵉʳ chapitre, intitulé *Constantinople*). J'en extrais les passages suivants

« Il reste donc deux peuples divisés ou plutôt ennemis, dont l'un, les Turcs, n'offre, pour contenir l'autre dans la dependance, qu'un faible reseau, sans consistance et sans force.....

« La faiblesse et la misère de ce pays iront toujours en croissant. Les desordres intérieurs, que le premier événement imprevu fera naître, entraineront la destruction d'un État dont l'existence véritable ne consiste plus que dans une seule ville ; ils le feront disparaître tout a fait et rayeront son nom des empires de l'Europe......

« L'empire ottoman est donc, en réalité, réduit à la ville de Constantinople et aux provinces qui l'entourent immédiatement, où la population turque est le plus agglomérée. »

lir la succession, à s'en partager les débris, à en tirer la meilleure part possible. Et c'est en partie pour cela, qu'au lieu de favoriser la formation dans ces contrées d'États vraiment solides, constitués sur des bases naturelles et inébranlables, ayant force vitale, elle maintient cet empire caduc, qui n'est qu'un État transitoire. Singulière situation d'un État dont les garants, dont les défenseurs, ne rêvent qu'à se partager les dépouilles. Et par le fait seul qu'une ou plusieurs puissances se sont constituées les protecteurs de l'indépendance d'un autre État, l'indépendance de ce dernier n'est-elle pas détruite ? La souveraineté temporelle du pape, par exemple, qui ne subsiste que par la protection du gouvernement français, n'est-elle pas dans la dépendance de ce gouvernement (1) ?

Mais, quand bien même ces puissances seraient sincères, et voudraient franchement son intégrité, il faudrait encore qu'elles fussent toujours unies entre elles ; c'est à cette seule condition que leur

---

(1) Qu'on n'oublie pas que ceci était écrit en mars 1870.

garantie peut être efficace ; cet accord indispensable ne peut il donc être troublé ? ces puissances ont-elles donc juré une paix éternelle ? La France, l'Angleterre et l'Autriche pourront-elles, à chaque moment, dès qu'il sera attaqué, s'unir pour le secourir, ou du moins se concerter, pour ne pas rendre mutuellement le secours qu'elles lui prêteront impuissant, elles qui n'ont pu s'unir pour repousser ses attaques alors qu'il était redoutable, et l'intrigue, même en temps de paix, les ruses de l'agresseur n'agiront-elles pas pour désorganiser eur concert et leur action commune ?

Mais je veux bien encore qu'elles soient toujours amies, toujours prêtes à marcher ensemble, ce secours sera-t-il toujours efficace ? La Russie a une supériorité immense dans une attaque contre Constantinople, ses flottes peuvent être en deux jours devant cette ville, et y déposer, dans cet espace de temps, près de quarante mille hommes ; la distance à franchir est faible, les vents et les courants la avorisent ; elle peut attaquer et surprendre Constantinople, avant que les puissances occidentales soient seulement informées de ses manœuvres, ou si elles sont prévenues, avant qu'elles aient pu envoyer à temps une armée qui a à faire, pour y arriver, une longue navigation, exposée aux vents contraires et aux tempêtes. Et admettons que la Turquie soit protégée et sauvée une fois, deux fois, faudra-t-il toujours être sur le qui-vive, prêts à voler au secours de son existence menacée, et cet empire ne finira-t-il pas par succomber? La Turquie ne peut être protégée à perpétuité. Cette situation d'État protégé, qui ne peut subsister par lui-même, analogue à celle de l'État pontifical, n'est pas une situation normale, c'est du provisoire. Eh bien, quand songera-t-on donc à adopter une solution définitive, une détermination franche et nette, qui nous mette à l'abri de tous les soucis et de tous les périls qui nous tiennent sans cesse en éveil ? Croit-on que le moment n'est pas venu ? Je suppose que dans un mois, par exemple, la Russie, profitant de la distraction de l'Europe, occupée par ses rivalités à l'extérieur et par ses difficultés intérieures, lance ses flottes sur Constantinople, en même temps qu'une armée puissante force la frontière roumaine, et se présente au pied des Balkans, les populations chrétiennes de l'empire turc, en fermentation si active depuis quelques années, se levant spontanément pour secouer le joug de l'oppression turque, l'Autriche elle-même, obligée de surveiller les peuples qu'elle tient assujettis et de maintenir son existence contre eux, incapable de donner à la Turquie aucun secours efficace, la France et la Prusse retenues sur le Rhin, vis-à-vis l'une de l'autre, comme deux aimants qui ne peuvent se détacher, peut-être même en état de lutte déclarée, l'Angleterre seule, libre, maîtresse de ses mouvements, en face de la Russie agressive (1)?... Que fera la France? A-t-elle une politique tracée à cet égard, une ligne de conduite résolue d'avance? A-t-elle un plan arrêté? Songera-t-elle à se concerter avec les autres puissances garantes ou à agir seule, à défendre l'empire turc ou à prendre sa

(1) Ceci était écrit en mars 1870. Qui a empêché, six mois après, la Russie d'exécuter ce mouvement, elle en était entièrement maîtresse? elle a été pusillanime.

part du gâteau ? Elle devra se faire toutes ces questions dans la situation réciproque actuelle des puissances européennes, et, si elle suit le dernier parti, elle aura à lutter certainement contre toutes les autres, qui sont ses rivales sur ce terrain, et qui se sont incontestablement préparées mieux qu'elle à cette éventualité, la France est peut-être la seule qui n'ait pas étudié sérieusement cette question ; elles seront prêtes à s'allier contre elle, comme c'est leur habitude, en se faisant mutuellement des concessions. Ce sera une conflagration universelle, et, dans cette conflagration, notre pays aurait la plus désavantageuse condition. Il est très-probable que l'Angleterre et la Russie s'uniraient pour se partager les dépouilles de la Turquie, comme il en avait déjà été traité du temps de l'empereur Nicolas, et en abandonneraient une portion à l'Autriche (1).

Eh bien ! cette hypothèse, ce tableau, que je pré-

(1) Il existe des lettres de l'empereur Nicolas aux ministres anglais, où il leur propose formellement cette alliance en vue du partage de la Turquie, et où il montre l'intérêt commun qui doit porter la Russie et l'Angleterre à s'unir dans ce sens, au lieu de se combattre.

sente ici, de la situation où on se trouverait alors, des événements auxquels il faudrait faire face, c'est l'éventualité qu'il est non-seulement possible, mais probable, de voir se réaliser. Voilà douze ans que la Russie s'organise, se fortifie. En ce moment, elle masse des troupes sur sa frontière occidentale et dans ses provinces méridionales. Les populations chrétiennes sont en ébullition, et tous les signes montrent que l'insurrection est prête à y éclater sur tous les points. Les puissances occidentales sont assez absorbées par leurs affaires intérieures et leurs rivalités entre elles, pour être incapables de porter leur attention de ce côté, et encore plus de s'opposer aux événements lorsqu'ils éclateront. La Russie a profité d'un semblable moment pour effectuer le partage définitif de la Pologne en 1792, elle profitera de la même situation pour effectuer le partage de la Turquie. Je le dis ici avec conviction, et j'espère que j'aurai fait passer cette conviction dans l'esprit de ceux à qui je m'adresse : prévenons la Russie, si nous ne voulons être prévenus par elle. Prévenons-la en nettoyant ce champ qu'elle convoite, et en le laissant féconder et ensemencer par ses légitimes et naturels propriétaires.

On dira : la Russie ne pourrait agir sans explications et envahir ainsi ces pays sans déclaration de guerre. Cela serait un crime qui révolterait l'Europe. Ceci est très-joli à dire avant, sans doute : ce serait un crime, mais ça n'empêche pas qu'il ne s'en commette de temps en temps, et quand ils sont commis, ça ne remédie à rien. On a bien dit : le partage de la Pologne est un crime, un attentat monstrueux, mais, avec tout cela, elle a été partagée. De même, en politique intérieure, on ne se méfie pas des trahisons, des surprises, les coups d'État ne s'en font pas moins, puis on vient dire après : le coup d'État est un crime, mais on ne peut plus en détruire les conséquences. Ne sait-on pas que, malheureusement, le succès appartient aux gens d'audace, à ces hommes qui savent commettre des crimes? Quand on fait de la politique, et de la politique défensive, il faut toujours raisonner en prêtant les intentions les plus noires à ses adversaires.

Je termine cette étude comme je l'ai commencée, en adressant un appel aux hommes appelés par la confiance de la France à conduire ses affaires. On paraît croire en France n'avoir pour ennemi que le despotisme intérieur et à n'être exposé à un danger que de sa part, et en ce moment la politique extérieure est totalement négligée par nous. Et pourtant, il s'agit de bien autre chose encore que du despotisme intérieur et du danger dont il nous menace. Il s'agit de notre force et même de notre existence nationale qui d'un jour à l'autre peut-être mise en péril (1). A quoi cela nous servira-t-il d'avoir obtenu cette liberté, brisé ces entraves, si nous devons retomber sous la dépendance ou même sous le joug d'empires étrangers et despotiques, si notre nationalité elle-même est mise en question? On travaille actuellement à la conquête de la liberté et des institutions démocratiques. Mais c'est dans l'espérance du triomphe, et, je puis dire, du triomphe prochain de cette liberté et de ces institutions,

(1. Écrit en mars 1870.

qu'on y travaille ; autrement, à quoi servirait de combattre ? Il faut donc agir en tout en prévision de ce triomphe, et comme s'il était déjà obtenu. Qu'on soit sûr qu'au lendemain de la victoire, les questions européennes et particulièrement la question orientale se présenteront urgentes, menaçantes, et réclamant impérieusement une solution ; nous pouvons nous trouver en face des complications extérieures les plus difficiles et de l'hostilité des puissances. Il faut donc se préparer, avoir des solutions prêtes, et puisqu'on ne peut actuellement résoudre ces questions ni diriger la politique à leur égard suivant les principes de justice en temps que d'intérêt national, au moins jeter les bases d'après lesquelles on devra se guider à l'heure marquée. Quels regrets n'aurait-on pas si, après tant d'efforts et de sacrifices, notre cause nationale et démocratique périclitait par défaut de force de résistance ou d'action à l'extérieur. Il faut prendre garde de nous laisser trop aller à la confiance et aux entraînements sentimentalistes vis à-vis des États puissants qui nous avoisinent. Certes, je n'ai pas besoin de l'affirmer ici, en démocrate ardent et cosmopolite, je désire avec autant d'ardeur que tout autre cette union et cette fraternité des peuples, et tout mon travail est écrit dans cet esprit et dans ce but. Mais tout en la désirant et en l'espérant, il faut compter avec les conditions actuelles et se prémunir contre les conséquences du vieil état de choses international encore existant. Il faut penser que les peuples ne font pas ce qu'ils veulent, et que, du reste, ils n'ont qu'une volonté à peine formulée, que leurs gouvernements, leurs souverains les mènent, et s'en servent pour satisfaire leur ambition. Que, d'ailleurs, cet esprit de paix et de fraternité que doivent tendre à établir tous les efforts des vrais patriotes et des hommes vertueux n'a pas fait des progrès suffisants ; que la France est certainement sous ce rapport de beaucoup en avant sur toutes les autres nations ; on nous encourage bien à l'étranger, on nous applaudit, quand on nous voit proclamer ces belles maximes de paix et de solidarité entre peuples; mais, tout en recueillant ces applaudissements et ces adhésions, prenons garde qu'on nous laisse agir selon ces principes magnanimes, et qu'en feignant de nous suivre dans cette voie, on ne profite de notre confiance aveugle; tandis que nous faisons les généreux, que nous nous désintéressons stoïquement dans les affaires de l'extérieur, que nous abdiquons toute ambition relative à l'action et à la prépondérance de notre pays, les autres agiront en gens pratiques, égoïstes, et feront à notre barbe des acquisitions de terrain et d'influence; en un mot, veillons à ne pas jouer le rôle de dupes. Nous avons toujours été portés aux idées chevaleresques, et souvent nous avons eu à nous repentir de ces tendances généreuses; il faut savoir en même temps être généreux et jaloux de la force et de la grandeur de son pays. Je ne sais pourquoi on parle tant du chauvinisme français; le chauvinisme existe bien plus enraciné chez les autres peuples, et ils se montrent bien plus pratiques, bien plus égoïstes dans leurs intérêts propres. Nous ne soupçonnons pas les machinations égoïstes et hostiles des autres États; avec notre désintéressement et notre indifférence aux questions du dehors, nous nous endormons, nous restons plongés dans un calme et une sécurité complètes, puis vient tout d'un coup un incident qui tombe sur nous comme un coup de foudre et nous éveille de notre léthargie; nous prenons l'alarme alors, nous nous agitons, mais il n'est plus temps, et nous portons les conséquence de notre coupable insouciance (1).

Attendons-nous donc à de graves difficultés, à des embarras sérieux, à des périls mêmes, dans le présent et dans l'avenir; à voir, lorsque nous nous croirons arrivés au but et délivrés, les questions extérieures s'imposer à notre étude et à nos efforts, implacables et urgentes. La démocratie en France n'est pas précisément à un festin de Balthazar, et cependant elle verra ces questions s'inscrire devant elle comme le *Mané, Thécel, Pharès.*

---

(1) Je rappelle encore ici comment l'incident du Saint-Gothard es venu confirmer la vérité de mes paroles. (Note de juin 1870.)

APPENDICE

J'ai dit, dans l'avertissement, que ce volume avait été écrit, tel qu'on vient de le lire, au commencement de 1870, et que je n'avais pas changé un mot à sa rédaction, parce que, en effet, il n'y avait rien à y changer.

Cependant, sans apporter de modification ni à mes explications, ni à mes théories, les changements survenus depuis 1870, non chez les peuples, mais dans la situation respective des principales puissances européennes, me déterminent à ajouter quelques lignes, en *appendice*, pour appuyer sur une idée contenue, du reste, dans le volume. J'ai dit qu'on devait distinguer entre l'*autocratisme* russe, qui tendrait à tout envahir comme dominateur et à asservir les populations orientales étrangères à son empire, comme les siennes propres le sont déjà, et la masse slave russe qui est unie, par la sympathie de race et même par des aspirations communes de liberté, aux autres Slaves, et que, si on devait élever une barrière contre l'un, de manière à résister à ses menaces, on devait montrer aux autres des sentiments fraternels et s'appliquer à favoriser leur union la plus étroite possible à la grande famille des peuples opprimés d'Autriche et de Turquie. Bien plus, dois-je, insister sur ce point, depuis que l'outrecuidance et la convoitise germaniques en sont venues à ce degré, de ne plus connaître de limites, et affichent la prétention de former un *empire européen*. Les Slaves menacés d'Autriche et de Turquie et les autres populations unies par les intérêts communs, sont obligés de compter, devant ce danger, sur leurs frères de Russie, et j'ai déjà dit que leur cause était la nôtre. Il convient donc qu'ils s'unissent et que nous nous unissions avec eux étroitement, et, si les sentiments conservateurs et les sympathies germaniques du czar actuel permettent peu d'espoir en ce sens de la part du gouvernement russe, il ne faut pas préjuger ceux de l'héritier du trône, qu'on dit, au contraire, animé de sentiments différents, et accepter, au besoin, le principe d'une action commune avec la Russie, en vue de l'émancipation des Slaves et, en général, des populations orientales, si celle-ci peut prêter un appui utile à ces populations contre la ligue germano-turco-madgyare, et voir d'abord l'ennemi pressant et l'oppresseur actuel, l'empire germanique et ses alliés, tout en réservant, d'ailleurs, l'inviolabilité des principes démocratiques et libéraux pour lesquels la France a toujours combattu. Le mouvement libéral en Russie est, d'ailleurs, certainement à prendre en sérieuse considération, et tout ce que j'ai dit sur l'ambition russe, les dangers du panslavisme et les instincts despotiques de cette puissance se rapportent particulièrement aux sphères gouvernementales, où la tradition de certains principes et de certaines aspirations se perpétue avec sa ténacité et son immobilité habituelles, mais qui peut être puissamment modifiée par l'intervention d'un nouvel esprit animant une nouvelle génération.

NOTICE SUR LA CARTE

DES

POPULATIONS OU NATIONALITÉS

Cette carte représente le territoire européen tel qu'il est peuplé en réalité, c'est-à-dire sa constitution ethnographique (dans le sens plutôt politique du mot), constitution qui est dissimulée et masquée par les divisions factices que figurent ordinairement les cartes faites au point de vue de la politique officielle, divisions qui représentent l'artifice, le mensonge et la violence, et sont sujettes à une incessante mobilité.

Habitué à considérer ces cartes, l'immense majorité du public se fait une idée entièrement fausse de cette constitution, et ignore souvent même le nom des peuples qui, en maint endroit, habitent eux seuls, exclusivement à tout autre, une vaste contrée. Pour lui, les Croates seront des Autrichiens ou des Hongrois, bien que l'Autrichien proprement dit, ou le Hongrois, ne se rencontrent que dans quelques villes principales, à l'état d'individus isolés, et les Serbes ou les Roumains seront des Turcs, bien qu'il n'y ait pas un Turc en Roumanie ni en Serbie.

La distribution établie ci-contre fait pourtant le fond et comme la charpente du sol européen ; les quelques fragments de populations épanchées d'une contrée sur une autre, les qualifications politiques qui dérivent de cette diffusion de parties de certains peuples chez d'autres, ne sont que des éléments hétérogènes superposés, pour ainsi dire, comme des parasites, étendus comme une poussière qu'un léger vent disperserait, ou comme une couche de neige qu'un chaud rayon de soleil ferait fondre, découvrant les roches, les plantes et les champs, auparavant dissimulés à l'œil étonné de découvrir tout à coup ce dont il n'avait pas même l'idée, et disparaître ce qui lui semblait inhérent au sol, comme une fantasmagorie qui s'évanouit, un masque qui tombe.

Ces populations, existant sur le sol d'une manière bien réelle et effective, n'attendent que ce souffle ou ce rayon de soleil pour former des États politiques ayant, comme elles, une existence effective, États qui, pour n'avoir pas encore cette existence effective et, pour mieux dire, officielle, n'en ont pas moins une, latente et virtuelle, qu'il est impossible de briser, et d'où la première doit fatalement sortir.

Ces États virtuels et en germe sont la justice, la nature, l'avenir; les empires actuels qui les dissimulent et les étouffent sont la violence, la fraude, le passé vermoulu et dont chaque jour voit tomber une pièce.

Je demande à ma patrie de se ranger avec la justice, avec la nature, avec l'avenir, et d'abandonner la violence, la fraude et le passé, qui lui-même, dans sa décrépitude, ne lui répond que par le dédain,

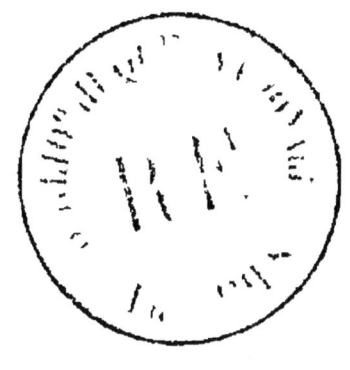

TABLEAU synoptique de corrélation entre les empires de l'Europe orientale et les populations de différentes races qui y sont réparties.

		AUTRICHE.		TURQUIE.		RUSSIE.		PRUSSE.		AUTONOMES.
Slaves	Tchèques..	C	5,000,000	Croates...	150,000 ?	Polonais..	4,900,000	Tchèq. Si-lésiens.	150,000	Serbes... 1,400,000. Je les mentionne simplement ici, car ils doivent être comptés, et je les ai en effet comptés, dans l'empire de Turquie, dont ils relèvent.
	Slovaques.	H	2,300,000	Serbes...	3,250,000	Lithua-niens...	1,250,000	Soraibes,	200,000	
	Polonais...	C	2,680,000	Serbespro-prem.dits	—			Polonais,	1,650,000	
	Ruthènes..	C	2,500,000	Bosniens.	4,000,000			Borusses	?	
		H	500,001	Herzég.	2,500,000					
	Slovènes...	C	1,300,000	Monténé-gro.	1,450,000					
	Croates...	C	950,0002		1,000,0002					
		H	4,500,000							
	Serbes...	C	900,000							
		H	1,100,000							
	Total...	C	12,000,000	Total....	3,40 030	Total....	6,500,000	Total....	2,000,000	1,100,000
		H	5,300,000							
			17,300,000							
Bulgares....					4,000,000					
Grecs.......					2,500,000					4,100,000
Albanais....					1,450,000					
Turcs.......					1,000,0002					Entièrement indépendant.
Allemands..			7,500,000							
Hongrois....			5,000,000							
		C	200,000							
Roumains...		H	3,200,000							
			Total...	3,400,000		4,500,000		600,000		4,500,000 Je répète ici ce que j'ai dit pour les Serbes soumis.
Population sujette...		C	12,200,000		15,830,000		7,100,000		2,000,000	
		H	8,300,000							
			20,700,000							
Population domina-trice..........		C	7,500,000		1,080,000					
		H	5,000,000							
			12,000,000							

NOTA. — La lettre C indique les peuples de l'empire d'Autriche compris dans la Cisleithanie ; la lettre H, ceux de ces peuples compris dans le royaume de Hongrie.

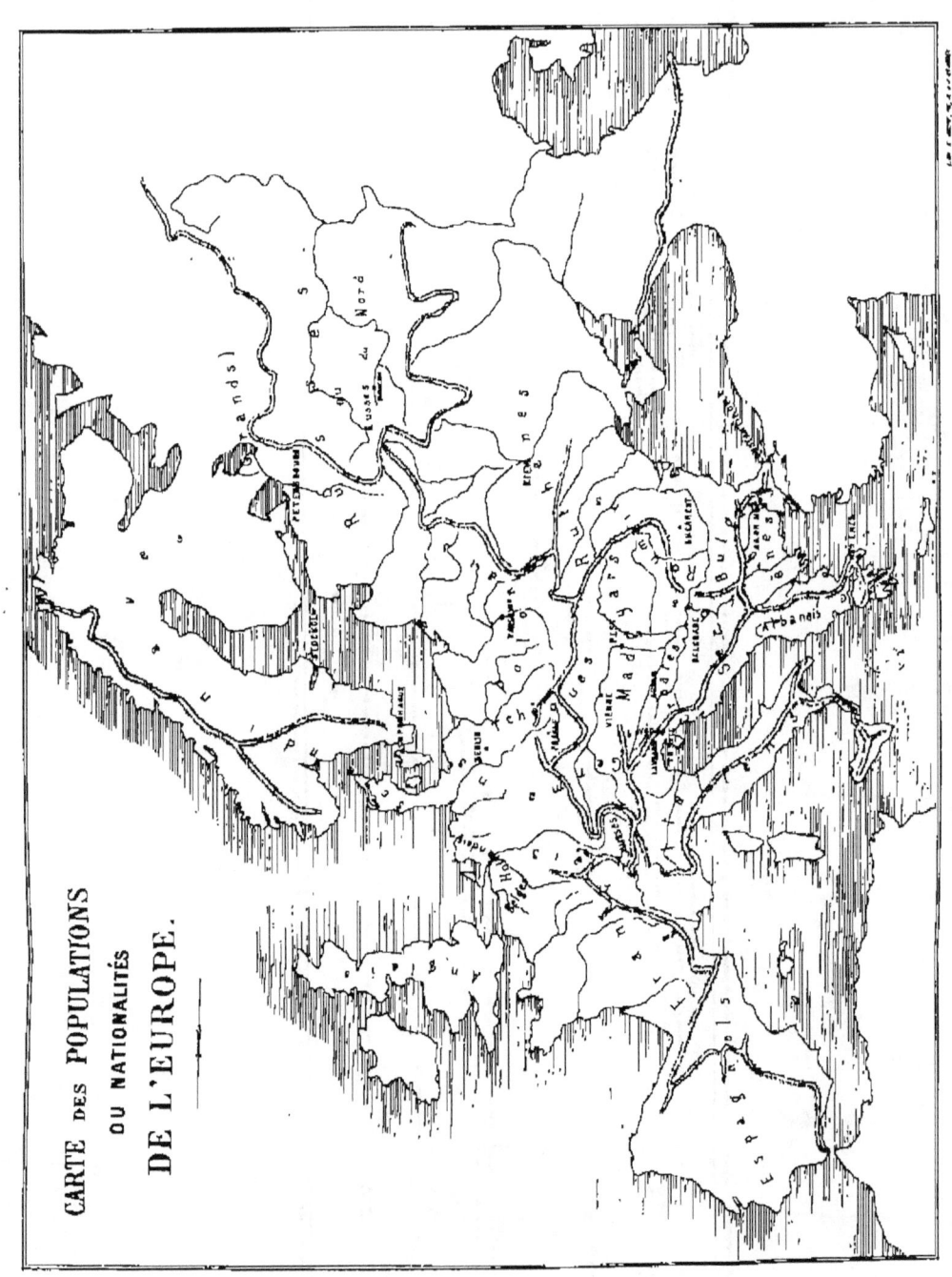

www.ingramcontent.com/pod-product-compliance
Lightning Source LLC
Chambersburg PA
CBHW070650170426
43200CB00010B/2183